발도르프 학교 외국어 교육

외국어 교육의 정신과 방법

발도르프 학교 외국어 교육

· 에르하르트 달 지음 | 정홍섭 옮김 ·

푸른나무

이 책은 발도르프 학교 외국어 교육의 기초를 이루는 인간 이해와 방법의 여러 면에 관한 안내서이다. 이 책을 보기 위해 발도르프 교육에 관한 사전 지식을 갖출 필요는 없다. 루돌프 슈타이너 인지학에서 흔히 사용하는 용어는 되도록 쓰지 않으려 했다.

이 책에서 언급한 내용은 발도르프 교육에 관한 루돌프 슈타이너의 강연과 글, 저자가 발도르프 학교에서 외국어를 가르치면서 낸 여러 간행물, 그리고 저자의 연구 작업과 교육 경험에서 가져온 것이다. 모든 실제의 예는 한 독일 학교의 영어 수업에서 가져왔다.

이 책의 내용은 전적으로 현대의, 즉 현재 사용되는 외국어와 관계된 것임을 또한 분명히 말해두어야겠다. 라틴어와 그리스어 같은 고전어들은 가르치는 방법 면에서 고유의 규칙이 있다. 그것에 관해서는 이 책에서 다루지 않는다.

에르하르트 달

차례

서문   4

01. 우리는 무엇을 배우는가?   9

02. 외국어 수업의 목표   21

03. 12년 과정의 외국어 수업   33

04. 국가시험과 교재   63

05. 어휘력은 어떻게 쌓일까?   75

06. 어떻게, 그리고 왜 학생들은 문법을 배울까?   99

07. 일반적 읽을거리에서 문학 텍스트로   123

참고 문헌   156

옮긴이 해제 - 외국어 공부의 깨달음을 향해   159

01

우리는
무엇을 배우는가?

　다른 과목과 비교할 때 외국어 수업의 특별한 성격은 학생과 과목 내용 사이의 관계에서 찾을 수 있다. 지리, 물리나 수학이 학생이 사는 세계에 관한 지식을 전달한다면, 외국어 수업은 한 언어를 쓰는 민족의 특성을 (발음기관, 동작, 표정을 통해) 물질적으로, 또한 (사고와 세계 인식과 느낌의 특유한 방식을 통해) 정신적으로 결정해온 것과 접촉할 수 있도록 해준다. 사람을 성장시켜주는 언어에 관한 의문은 사람을 사람답게 만들어주는 모든 면과 연관되어 있다. 이 의문은 사람의 지적 발달에서도, 사람이 사회적, 정치적, 문화적 역할을 할 수 있도록 성장하는 방법 면에서도 중요하다.

　모든 사람이 좋은 식물학자, 음악가나 수학자가 될 수는 없지만, 새로 태어나는 모든 아기는 세상에 있는 어떤 언어든 완벽하게 말하는 법을 배울 수 있다. 어린아이들은 존재하는 언어의 수만큼이나 많은 열쇠를 가지고 있다. 그러나 대부분의 아이들은 한 가지 언어, 즉 모국어의 문만을 연다. 이처럼 외국어 수업은 어린이들에게 외부의 '사물'을 주는 것이 아니라 더 많은 열쇠를 찾을 수 있는 '환경'을, 말하자면 어린이가 자기 안에 지니고 있는 열쇠들을 제공한다. 언어 교육은 학생들 안에 이미 존재하는 것을 펼칠 수 있도록 돕는 것이다.

외국어 교육이라는 주제에 관해 좀 더 상세히 이야기해 보자. 우리는 사람들이 언어에 의존하고, 언어에 의해 그 존재가 결정되고 구성되며, 그 언어가 사람이 자신을 표현하는 기본 방법이라고 말하는 것이 마땅하다. 말하기는 후두, 입, 혀, 이만으로 이루어지는 것이 아니라 온몸으로 이루어지는 행위여서, 동작과 흉내만이 아닌 눈에 보이지 않는 수많은 근육의 움직임과 수축과 확장을 통해 표현에 이르게 된다. 모든 인간의 소질과 능력이 가장 단순한 말하기 행위가 이루어지는 데에도 사용되어야 한다. 이처럼 뇌의 언어중추보다도 훨씬 더 많은 것이 언어 과정에 관련된다. 언어와 말하기는 인간 존재 전체에 영향을 미치는 어떤 것이다.

사람들이 언어 안에서, 그리고 언어를 가지고 무엇을 하든, 즉 그것이 분노와 경고를 표현하는 것이든, 위안을 주거나 이야기를 들려주는 것이든, 서술하거나 보고하는 것이든, 언제나 감정의 경험에서 시작하거나 그 경험에 관해 언급한다. 감정, 즉 고통, 즐거움, 경악, 호기심, 지식에 대한 갈망, 만족스러운 통찰, 놀라움 등등이 언어의 원인이다. 달리 말하자면, 루돌프 슈타이너가 말했듯이, 공감이나 반감과의 조우가 그것이다.

"인간의 언어는 이러한 공감 또는 반감이 낳는 활동의 표현입니다."

뇌 속에서는 실제로 그 느낌에 대응하는 활동, 즉 이미지를 형성하는 사고가 일어난다.

"머릿속에서의 활동이 이미지로 서서히 사라지는 반면에, 가슴속에서의 활동은 훨씬 더 큰 영역을 차지합니다. (…) 실제로, 말하기는 느낌에서 시작됩니다."[1]

따라서 한 언어의 모든 단어는 언어 외부에 존재하는 사물에 붙이는 꼬리표가 아니라, 한 언어를 사용하는 민족이 그 역사 속에서 경험하고 받아들이는 법을 배운 사건의 총합이다.

그 뼈대, 즉 한 언어의 문법은 인간의 사고에 의해 만들어지지 않는다. 실제로 우리의 사고는 문법 체계를 만들어내지 못하는데, 문법이 있으려면 언어가 필요하기 때문이다. 즉, 언어는 인간이 사고를 통제하는 데 없어서는 안 되는 수단이다. 언어는 이처럼 한 언어를 사용하는 민족의 사고 구조를 만들어내고, 인간이 자기 인식을 발전시킬 수 있게 해준다. 사람들은 먼저 자기 인식을 하고 나서 다른 사람들과 의사소통을 하는 것이 아니라, 의사소통을 함으로써 자기 인식을 할 수 있게 된다. 철학자 요한 고틀리프 피히테가 말하는 바와 같이, 인간이 언어를 창조하는 것이 아니라 언어

---

1   슈타이너, 『교사들에게 주는 실용적 조언(Practical Advice to Teachers)』, 1919년 8월 22일 강연, p.18.

가 인간을 창조한다.

언어를 이렇게 정의하는 효과는 물론 우리 세계에 살고 있는 모든 각각의 언어에 적용된다. 각각의 언어는 자기 고유의 방법으로 그것을 사용하는 민족 공동체의 사고방식을 결정하고, 그 공동체의 인식 방법에 영향을 미치며, 그 공동체의 각각의 구성원이 세계와 자신을 지각하는 방법을 형성한다. 불어와 영어로 작품을 쓴 작가 줄리앙 그린은 1987년에 이렇게 썼다.

언어는 자신을 이해시키는 수단일 뿐만 아니라, 특히 보고 느끼는 방법이기도 하다. 모든 언어 공동체는 자체의 관념에 따라 우주를 구성한다. 영어 단어 하나는 이 또는 저 대상, 또는 이 또는 저 자연현상을 표시하는 데 그치지 않는다. 그것의 특정한 방식에 따라 그 단어는 그 대상 또는 그 자연현상에 의해 영어를 말할 때의 의식 속에 만들어진 감각을 반영한다.[2]

---

2 줄리앙 그린(Julien Green), 『언어와 그 복제품(Le Langage et son double)』, (Paris: Différence, 1985), p.208.

이와 같이 우리는 같은 언어를 사용하는 민족들의 특징과 그들이 사용하는 언어를 통해 그들이 자신의 환경을 보는 방식에 관해 많은 것을 배울 수 있다. 우리가 특정 언어의 역사적 발전을 조사하는 데 좀 더 노력을 기울인다면, 그 언어의 발전사를 통해 그것을 사용하는 사람들의 의식의 역사를 이해할 수 있다. 예컨대 어휘에서 등가의 말을 찾아 (그런데 이것은 등가에 관해 잘못된 인상을 줄 뿐이다) 어떤 외국어를 우리의 모국어와 동일시하려는 모든 시도는 한 언어의 본질을 매우 제한된 정도만큼만 정당하게 평가하는 것일 뿐이다.

언어를 정의하는 행위는 우리의 언어 이해를 새로운 방향으로 인도한다. 우리의 사고방식과 추론과 느낌이 결정되는 특정 방식의 확실성은, 우리가 언제나 모국어를 통해, 우리가 의존하고 그런 의미에서 우리를 제한하는 하나의 세계관, 또는 사고와 지각의 단일한 방법을 획득한다는 사실을 분명히 보여준다. 철학자 한스 게오르크 가다머가 말했듯이, 우리 언어의 한계는 우리 세계의 한계이다.[3] 모든 언어는 이

---

3 1997년 7월 22일 슈투트가르트에서 열린 가다머(Gadamer)의 강연에서 인용함.

처럼 우리를 제한하고, 세계와 우리 자신에 관한 이해에 단 하나의 창을 열어주며, 말하자면 우리가 다른 언어들을 배우지 않는 한, 한 가지 시각을 강요한다.

20세기까지도 선진사회와 아무 관계도 맺지 않은 원시적 생활 방식을 가진 부족들이 발견되었다. 그러나 이 부족들이 단순하고 덜 복잡한 언어를 사용한다는 가정은 완전히 잘못된 것으로 판명되었다. 그들의 언어는 고도로 발달된 사회의 그 어떤 언어와도 견줄 수 있는 구조적 복잡함을 지니고 있다.[4] 이것은 언어가 한 언어를 쓰는 민족들의 역사과정에서 인간 활동의 결과로 성장한 것이 아니라는 사실을 보여준다. 달리 말하자면, 한 언어의 구조는 그 문명이 더 복잡해지면서 복잡해지는 것이 아니며, 적어도 그 문법구조와 관련해서는 그러한 과정과 대체로 무관하다. 한 언어의 구조는 인간에게 부여된 어떤 것이다. 그 구조는 그 언어를 말하는 사람들과 무관한 것이다.

이렇게 간략히 살펴보았음에도, 우리가 가르치는 외국어

---

4 스티븐 핑커(Steven Pinker), 『언어 본능: 언어와 정신에 관한 신과학(The Language Instinct: The New Science of Language and Mind)』, (UK: Penguin, 1994), 2장.

가 대단히 다양한 특성을 지니고 있다는 사실이 의심할 바 없이 분명해졌다. 언어는 단순히 사람들 사이의 의사소통 수단으로서의 활동을 넘어서는 자질과 기능을 지니고 있다. 나아가 언어는 임의로 합의된 상징들의 체계가 아니라, 한 언어를 사용하는 민족들이 그들의 환경을 받아들이는 법을 배운 방식의 결과이다. 따라서 언어는 행위이지, 의식적으로 이해되어야 하는 주제가 아니다. 머릿속의 언어중추뿐만 아니라 온 인격체의 능동적 참여를 필요로 한다. 게다가 언어는 세계와 우리 자신에 관한 다양한 지각 내용, 그리고 그 지각 내용에 의한 다양한 감정 내용을 제공한다. 따라서 외국어는 다른 양식의 사고뿐만 아니라 다른 형태와 방법의 사고를 접하게 해주기 때문에 세계와 우리 자신을 이해하는 기회를 더해준다. 그와 동시에 외국어는 우리의 모국어를 바로잡고 균형을 잡아주는 역할을 한다. 마지막으로, 외국어는 모국어와 마찬가지로 물려받는 것이 아니라 주어지는 것이다.

루돌프 슈타이너가 요한 고트프리트 폰 헤르더, 빌헬름 폰 훔볼트와 공유하는바 여기서 개괄한 언어 이해는 외국어 교육의 다수의 목적을 열어 보여준다. 그 목적은 일반 학교에서 그 교육을 정당화하기 위해 자주 언급되는 목적, 즉 '외국어 구사력'이라는 목적을 뛰어넘는 것이다. 루돌프 슈타이너가 외국어 교육을 다른 과목들의 교과과정 속에 포함한 것은 바로 외국어 교육을 통해 그 이외의 목적도 이룰 수 있기 때문이었다. 실제로 그는 단 한 가지의 외국어에서 멈추지 않았고, 두 가지 또는 세 가지의 다른 언어를 가르치는 방침을 정했다. 그 결과, 발도르프 학생들은 12년 내내 일주일간의 수업에서 평균 5분의 1에서 6분의 1을 외국어 수업 시간으로 보낸다. 다른 어떤 과목에도 이렇게 많은 시간이 주어지지 않는다. 외국어 수업을 통해 성취될 수 있는 목표가 특별히 중요함에 틀림없다.

02
●

외국어 수업의
목표

내가 알기로는 모국어의 영향을 페터 슬로터다이크만큼 분명하면서도 강력하게 서술한 동시대 철학자는 거의 없다. 그는 이렇게 말한다.

비록 나는 행동의 방침과 능력을 (…) 언어로부터 빌리지만, 언어는 어머니라는 바닷가에서 멀찍이 떨어져 있다가 내 삶이라는 배에 올라탄 해적처럼 나를 소유해온 것일 뿐이라는 사실 또한 안다. 자기 곡조에 맞추어 나를 춤추게 하며 지배하는 여성처럼, 언어는 눈부신 단어와 날카로운 명령으로 내 삶에 난입했다. 언어는 오랫동안 선장 노릇을 해왔다. 언어는 엄청난 권한을 가지고서 갑판 위에서 벌어지는 대부분의 일들에 관해, 그리고 갑판 아래에서 벌어

지는 수많은 문제들에 관해 결정을 내린다.[1]

　그는 국어를 '세계를 부여하는 심급'이라고 부른다. 실제로 그가 보기에 새로 태어나는 각각의 생명에는 '국어라는 양식의 문신이 새겨'진다. 갓 태어난 아기일 때에도, 성장하여 어른이 되었을 때에도, 우리는 개별 언어가 지닌 특유한 사고방식의 수중으로 들어간다. 그러다가 어떤 외국어를 기호의 체계일 뿐만 아니라 세계를 다르게 경험하게 해주는 것으로 받아들여 그것에 점차 익숙해지면, 우리는 모국어로는 경험할 수 없는 경험과 사고 형식을 얻게 된다. 이처럼 외국어는 우리 모국어의 특정의 제한된 세계관이 지니지 못한 사고와 표현 방식을 더하여 어떤 균형을 이루어준다. 우리가 외국어에 더 익숙해짐에 따라 결국 그 이질성은 사라지고, 외국어는 인간이 세계와 자기 자신을 통찰할 수 있는 더 많은 기회와 가능성을 열어 보여준다. 우리를 풍요롭게 하고, 우리 내면의 해방을 돕는 것이다. 외국어는 단 하나의

1　페터 슬로터다이크(Peter Sloterdijk), 『세계로 오다 ‒ 언어로 오다(Zur Welt kommen ‒ Zur Sprache kommen)』, (Frankfurt: Suhrkamp, 1988), p.50 & 112.

언어만을 아는 데서 생기는, 우리의 자유에 지워진 한계를 확장할 수 있게 해준다.

'세계와 자기 인식의 확장'이라 말할 수 있는 이 목표와 함께, 말하자면 '지각 능력의 민감화'라는 두 번째 목표가 나타난다. 인식에 적용되는 것이 인간의 지각 능력에도 똑같은 정도로 적용된다. 모국어를 통해 경험된 감정이, 그럼에도 확장될 수 있는 특정한 지각 능력을 만들어낸다. 우리가 모국어에 능숙해진다는 것은 언어가 부과하는 조건에 지배받는 영혼이 깨어나는 것과 같다.

만일 외국어가 다른 구조적 규칙과 발음을 지닐지라도 '의미'와 '감정 내용'이라는 면에서 똑같은 체계로 전달될 뿐이라면, 학습자의 경험은 단순한 인식으로 오그라들게 될 것이다. 그러나 우리가 여기서 다른 종류의 보고 느끼는 경험을 한다는 사실을 수업에서 전달할 수 있다면, 어린이의 지각 능력은 확장되고, 풍부해지며, 섬세해진다. 그러한 섬세함은 두 가지의 서로 의존하는 계기로 이루어진다. 즉, 외래의 감정 내용에 관해 배울 때 나는 수용적이고 수동적이지만, 배움과 받아들임 그 자체는 더 큰 내면의 활동, 유연성, 적응성의 점진적 발달로 이어져서 그것이 내가 세상에서 택하는 길을 더 다양하고 활동적으로 만들어준다. 더 많은 수의 사물이 내 영혼 안으로 들어올 수 있으면, 그럴수록 내 지각은 더 깨어나고, 활발해지며, 주의 깊게 된다. 동시에 내 지각의 자발성(willingness)이 증가한다. 나는 스스로 더욱 능동적으로 세계의 인상과 마주하고자 한다.

세 번째 목표는 외국어를 배우는 사람이 해야 할 일이라 할 수 있는 것에서 생겨난다. 그러한 일에는 다른 무엇보다도 다른 언어의 소리와 억양 형태에 있는 가장 미묘한 차이를 정밀하게 파악하고 이해하는 것이 있다. 여기서 '정밀한 파악'이란 소리에 있는, 그래서 의미에도 있는 미묘한 차이를 지각하는 것을 뜻한다. 이러한 도전은 듣기 능력을 발달시켜준다. 그래서 외국어 수업은 소리와 단어를 듣는 아이들의 감각, 말하기의 선율, 음조, 모음과 자음의 소리, 다시 말해 우리가 언어로 듣는 모든 것을 지각하는 감각을 강하게 길러준다. 청각기관의 발달은 학령기 이전 시기가 끝날 때 마감되지 않는다. 최근 연구에 의하면 청각기관의 발달에는 12세 때까지도 영향을 미칠 수 있다. 외국어를 배울 때 요구되는 자신감을 가지고 귀를 통과하는 소리를 듣는 일이 학교 수업의 첫 몇 년 동안 계속해서 청각기관을 발달시킨다. 여기서 우리는 이 기관이 몸에서 귀의 위치에만 제한되지 않는다는 것을 의식해야 한다. 우리는 머리뼈 전체로, 그리고 실제로는 나머지 뼈대 전체로 듣는다. 우리 몸의 근육 체계도 공명 운동이라는 의미에서가 아니라 능동적으로 듣기에 관여하고, 이때 근육들은 아주 분명한 형태, 즉 조각된 것과 같은 형태를 만든다. 이것은 언어의 소리에 바치는 특정한 주의력을 통해, 그리고 소리 중에서 가장 미묘한 차이가 지각되는 연습을 통해 기관이 발달되고, 이러한 연습은 이 고유의 활동을 통해서만 가동되는 청각기관의 활동을 증가시킨다는 사실을 뜻한다.

네 번째 목표이자 내가 보기에 중심이 되는 목표는 외국어 수업을 이용하여 아이들을 세계시민이 되도록 교육하는 것이다. 언어가 사고를 형성하고 우리에게 세계를 부여하는 것과 마찬가지로, 우리와 특정 언어의 관계에는 다른 언어를 말하는 사람들에 대한 우리의 태도를 결정하는 요인 또한 포함되어 있다.

다른 언어를 말하는 사람들에 대한 혐오와 반감이 '추켜세워'지고, 하나의 생활 방식이 되며, 언어가 국가적 허영심과 폐쇄적 세계관, 그리고 쇄국과 같은 편협함 또한 낳는 역사의 예는 얼마든지 있다. 이러한 것에 맞서는 유일한 방법 또한 우리의 지각, 사고, 가치관, 행동을 우리의 국어가 규정하는 방침의 체계에서 해방하는 것이다. 외국어의 표면 구조를 터득하는 것이 이 점에서는 도움이 되지 않는다는 것은 분명하다. 외국어의 '기호 체계'를 숙달하는 것은 국제성으로 이어질 뿐이지, 우리를 진정한 세계시민이 되도록, 즉 '타인들이 그들 고유의 조건 아래에서 세계로 들어가는 방식을 함께 이해하도록' 해주지 못한다. '그럴 때에만 여러 언어의 사용 능력이 우리를 국어의 힘에서 해방하는 매개가 된다.'[2]

발도르프 학교의 외국어 수업이 성취하고자 노력하는 것이 바로 그러한 상식, 동료라는 느낌, 다른 언어를 사용하는 사람들과의 내면의 공감이다. 자신의 감정을 통해 흡수하는 모든 소리와 함께, 학생들은 외국인의 의식, 외국인의 의지, 외국인의 정신적 태도를 자신과 동일시하기 시작한다. 이것이 바로 적극적 관용이다. 위에서 말한 바와 같은 언어 이해가 외국어 수업의 주요 동기가 되면, 학생들은 외국 문화를

---

2   ibid., p.160.

제대로 알아보는 법을 배울 수 있다. 이러한 수업은 학생들이 서로 다른 것을 편향되지 않은 방식으로 대하고, 상호 존중의 원칙을 강화하며, 내면에서 사랑과 보살핌의 힘을 깨우도록 교육할 수 있다. 이러한 상식은 사람들을 더 보편적으로 만들 뿐만 아니라, 국가의 경계를 가로지르는 진정한 인간 이해로 나아가는 데 필요한 내면의 전제 조건들 또한 갖추게 해준다.

다섯 번째 목표는 가장 넓은 의미에서 '말하기 기술'이라고 할 수 있는 것에 초점이 맞춰진다. 이로써 우리는 이 과목의 실용적 차원으로, 즉 19세기 말 무렵의 개혁 운동 이래로 (독일 학교의) 외국어 교육사에서 가장 중요한 것이 되어온 차원으로 들어간다. 발도르프 학교에서 역시 그 목표는 12학년 말에 외국어를 유창하게 말하는 학생들을 얻는 것이다. 이것은 세계의 많은 지역, 그리고 특히 최근에 급속히 통합되고 있고 언어와 문화의 공동체 사이에서 무수한 만남이 이루어지는 유럽에 적용되는 일이다. 새로운 유럽은 여러 국가로 이루어진 다문화 공동체가 될 것이다. 그 안에서는 두세 가지의 외국어를 구사하는 능력이 모국어를 읽고 쓰는 것과 비슷한 정도의 기본적인 문화적 기술이 될 것이다. 그래서 발도르프 학교에서의 외국어 수업도 이러한 실용적 차원 또한 의식하면서 이 미래의 언어 현실을 직시할 것을 요구받고 있다.

그러나 루돌프 슈타이너 또한 우리의 언어 이해의 기저를 이루는 것과 부합하는 이 실용적 목표를 성취하기 위한 방법을 직시했다. 이 방법은 학생들의 개성에, 즉 학생들의 개별적 사고와 느낌에, 학교생활의 모든 단계에서 가능한 한 가장 큰 공간을 줄 것을 요구한다. 이것은 아이 하나하나의 개성을 존중함에 의해서뿐만 아니라, 그 학생의 개성을 통한 방법이 외국어를 기억 속에 깊이 자리 잡게 하는 데 가장 효과적이라는 확신을 통해서도 이루어져야 한다. 단어와 문법구조를 전달하려 애쓰는 경험의 결과로, 우리 영혼의 깊은 무의식 속에는 흔적이 남는다. 외국어와의 만남과 감정, 관심, 호기심, 즐거움 또는 놀라움을, 다시 말해 우리가 처음부터 언어의 원천으로 삼는 특질들을 연관 지으려는 시도가 이루어진다. 학생들이 자기 자신을 가능한 한 '자기 자신'으로 표현할 수 있는 활동을 교사가 격려하고자 하는 노력을 통해서 역시 흔적이 남는다. 이러한 점에서 교사가 대화에 참여하는 방법을 끊임없이 바꾸는 것만큼이나 실제적인 질문을 하는 것이 도움이 된다. 언어의 특징을 이루는 대화가 가능한 한 많은 수업에서 장려되어야 한다. 학생들에게 그들의 일상의 고유성을 고려하지 않는 질문을 되도록 하지 말아야 한다.

이러한 방법을 통해 12년 동안 발달되는 것은 말하기 능력뿐만 아니라, 그리고 이것은 중대한 요소인데, 그들 고유의 개성에 의해 결정되는 말하기 능력이다. 그 본질에 의해 이 능력은 머리와 손과 가슴을 필요로 한다. 그러나 이러한 말하기 능력은 이러한 방책만을 통해서는 생기지 않는다. 이것은 아이와 교사 사이의 신뢰의 분위기 속에서 나타난다. 교사의 활동은 언제나 두려움도 야망도 아닌, 사랑이 적절한 교육 방법이라는 확신에 의해 이루어져야 한다. 외국어 수업에서 상황을 연출해서 하는 외국어 말하기는 온기라는 요소가 아이에게 감지될 정도로까지 더 쉽게 발전한다.

언어의 이해라는 토대 위에서, 외국어 수업에서 성취될 수 있는 목표에 관한 이야기를 해보았다. 다음 단계는 외국어 수업이 이루어지는 12년 동안 이 목표들로부터 도출하는 구체적 방법에 관한 이야기이다. 발도르프 학교에서는 이러한 방법론이 수업 내용(해당 언어)과 목표뿐만 아니라, 12년을 통해 아이들의 발달을 보는 것으로부터도 발전된다. 이 세 가지 요소를 통합할 때에만 외국어 교사가 따를 만한 방법을 만들어낼 수 있다. 이에 관해서는 다음 장에서 아이들의 발달에 관한 루돌프 슈타이너의 말을 소개하면서 설명하겠다.

03

12년 과정의
외국어 수업

저학년: 1~3학년

발도르프 학교에서는 1학년 때 두 개의 외국어 수업을 시작하는데, 이것도 외국어 교사의 시각에서 볼 때는 이미 몇 년이 늦은 것이다. 아이들이 태어나서 첫 몇 년 동안 지니는 언어 습득 능력 가운데 아주 작은 부분만이 학교에 들어갈 때 남게 된다. 외국어 교사가 학교생활을 시작한 아이의 첫 2년에서 3년간 아직은 희미하게 반짝이는 빛을 잡아낼 수 있는, 아이의 그 능력이란 무엇일까?

저학년 아이들은 자기를 돌보는 이를 사랑할 때, 특히 그 사람에게 무한히 전념한다. 이 전념에는 돌보는 이가 움직이고 말하는 방식에 대한, 그리고 그렇게 해서 표현되는 감정에 대한 엄청난 수용력을 만들어내는 대단히 큰 신뢰가 들어 있다. 이러한 완전한 전념과 개방성은 우리가 청소년기에나 성인이 되어서는 다시 만나지 못하는 방식으로, 어린아이가 그 돌보는 어른과 '함께하고', 함께 경험하고, 함께 느낄 수 있게 해준다. 모국어는 (그리고 우리가 어린아이에게 다가갈 때 말하는 다른 모든 외국어 또한) 그러한 '함께하기'를 통해 흡수된다. 그것은 아이가 그 언어를 이해하거나 깊이 생각한다는 뜻이 아니다. 소리나 움직임으로 제시되는 것은, 나중에 중급 학년이나 상급 학년에서 일어나는 일처럼, 이미 존재하는 언어의 요소나 사고하기에 어울리는 것이 아니다. (심리학에서 공감이라 불리기도 하는) 이렇게 어른에게 전면적으로 반응하는 것을 통해 아이들은 모방과 언어 발달 영역에서 최고 수준의 성취에 이른다. 다시는 되돌아오지 않는 편안함과 민감성을 지니고, 한편으로는 어조의 아주 작은 차이, 가장 민감한 억양 유형, 그리고 한 언어에 특징적인 모든 소리를 알아차리고, 다른 한편으로는 최대한 정밀하게 성인 화자의 표현과 동작뿐만 아니라 입술의 움직임마저 읽어낼 수 있다. 아이들은 대체로 아무런 연습 없이도 직접적

이면서도 즉각적으로 이렇게 할 수 있다. 게다가 이 나이에는 학습이 분석을 담당하는 왼쪽 뇌로 국한되지 않는다. 창조적인 면을 담당하는 오른쪽 뇌 역시 아이가 지각하는 것을 처리하는데, 오른쪽 뇌는 어떤 의식적 과정보다도 훨씬 더 지속적인 방식으로 분명히 그 일을 한다.

이 시기의 어린아이들은 외국어를 포함한 언어를 말하기를 통해 배우는데, 그것에 지적 노력을 필요로 하지 않는다. 그들은 단어와 숙어를 자동적으로 배우는데, 여러 가지 몸동작과 함께 배울 때 훨씬 더 자동적으로 배운다.

저학년이 시작될 때 제2언어를 배우는 것은 모국어를 배우는 것과 다른 일이다. 6세나 7세 이후에 제2언어를 배우는 것은 모국어 습득을 배경으로 이루어진다. 이때는 이미 언어에 관한 개념과 말하기의 습관이 생겨서 그것이 다른 언어를 배우는 데에도 쓰이기를 요구한다. 또한 아이들 안에는 모국어를 통해 생겨난 정신적이고도 사회적인 능력이 있다.

학교에서 제2언어를 배우는 것은 자연스러운 과정이 아니라 교사에 의해 안내받는 과정이다. 이것은 인위적 환경과 전면적인 교육적 의도 아래에 이루어진다. 게다가 외국어와 만나는 시간으로 일주일에 몇 시간밖에 쓸 수가 없다(일반적으로 각 언어당 일주일에 세 번의 수업이 있다). 그럼에도 어린아이들이 다양한 방법으로 외국어 말하기를 배우는 능력뿐만 아니라 전념하고 모방하는 엄청난 능력은 여전히 어느 정도까지는 남아 있다. 이러한 능력이 감소할 때조차 우리가 그것을 이용하려고 하지 않는다면, 중요한 학습 기회가 사라지고 저학년 아이들은 더 쉽게 배우는 엄청난 기회를 빼앗기게 될 것이다.

그렇다면 학교에 입학하고 첫 몇 해 동안에 외국어를 더 쉽게 배울 수 있는 이유는 무엇일까? 또한 학생들의 관심에서 되도록 멀어져야 하는 것은 무엇일까? 이 최초의 수업들에 참여하는 아이들에게 외국어를 최대한 풍요롭게 경험하는 기회가 주어져야 한다. 여기서 '풍요로움'이란 폭넓은 어휘, 여러 가지의 문법구조와 외국어의 관용어법이라는 큰 요소 등을 말한다. 나아가 '풍요로움'이란 대화의 언어, 예술적 (구성의) 언어, 민담, 노래, 운문, 어린이 놀이 등 언어가 표현되는 영역의 거대한 폭을 뜻한다. 마지막으로 '풍요로움'이란 전체를 제시하는 것을 의미한다. 다시 말해서 문법의 특정 장이나 어휘의 특정 부분을 발췌한 것을 가지고 수업하지 않는다는 것이다. 그렇게 의식적으로 시도하는 분할은 특정한 언어 사용역(language register)[1]의 채택만큼이나 부적절하다. 루돌프 슈타이너가 말했듯이, 아이의 감각은 아이의 언어가 아닌 '성인의 실제 언어'를 만나야 한다. 완전한 상태의 외국어에 진심으로 완전히 몰입하는 것이 아이의 언어 학습 능력에 걸맞은 것이다. 교육의 원리는 '쉬운 것에서 어려운 것으로'가 아니다. 우리는 외국어를 축약된 형태로가 아니라 위에서 말했듯이 풍요로움의 형태로 제시해야 한다. 이것은 물론, 짧은 연습을 위해 우리가 그 언어에서 조금 발췌한 자료를 선택하지 않는다거나, 어휘와 문법 가운데 곧바로 가장 어려운 영역에서 시작하지 않는다는 것을 뜻하지는 않는다.

하나의 외국어를 배우는 것은, 다른 외국어에도 가장 뛰어난 능력이 있는 교사가 가르친다면, 저학년 학생들에게도 더 쉬울 수 있다. 교사는 자신이 말하고 싶은 것에 깊이 생각할 필요가 없이 그 문법을 확실히 알고 섬세하게 사용

---

1 역주) 언어 사용역(language register): 계층이나 연령, 지역, 문체 등에 따라 달리 나타나는 언어의 변이형. 일반어에 대해 전문어나 유아어, 지역 방언과 계층 방언, 속어 등이 이에 속하고, 격식체와 비격식체도 그 예이다.

할 수 있을 정도로 그 언어를 구사해야 한다. 교사의 발음은 아주 분명해서 아이들이 망설임 없이 그것을 흉내 낼 수 있어야 한다. 상상할 수 있는 모든 수업 상황에서 45분 넘게 그 외국어를 사용하는 것이 교사에게는 쉬운 일이 되어야 한다.

아이들의 상상력 욕구를 만족시킬 만한 여러 가지의 많은 자료를 교사가 쓸 수 있다면 그것 역시 큰 도움이 된다. 교사는 교실에 가지고 들어오는 언어와 살아 있는 관계를 맺어야 한다. 분명한 손짓, 표정, 억양, 몸짓이 말로 하는 언어 속에 살아 있는 것을 겉으로 드러나는 이미지로 표현해 주기 때문에, 아이들의 이해력을 일깨울 수 있다. 아이들은 다양한 방법으로, 즉 몸짓 언어, 칠판 그림, 소리 흉내, 소도구, 생생한 장면 연출, 아주 다양한 억양 등을 통해 그러한 이미지들을 만들어낸다. 다양한 감각이 아이에게 전달되면, 듣고 보고 참여하는 것이 즐거운 일이 된다. 단어와 구조를 이해하는 데에 즐겁고 적극적인 감정이 동반되어야 한다. 예컨대 아이들이 실수를 하거나, 단어의 발음을 부정확하게 하거나, 문장에서 단어를 빼먹는다 할지라도, 상상력을 발휘하면 올바른 방향으로 갈 수 있다. 교사는 다시 모국어로 돌아가서 '너는 이 단어에 너무 큰 모자를 씌워서 우리가 알아볼 수가 없구나.'(잘못된 발음)라거나, '자, 그 단어를 어디다 숨겼니?'(단어 생략)라는 식으로 말할 수 있다. 경험으로 판단하건대, 교사가 자신이 가르치는 언어를 사랑하는 것은 아이들이 편안하게 배울 수 있게 해주는 데 없어서는 안 될 전제 조건이다.

움직임이 언어에 앞서고 말을 할 때 온몸이 활기를 띠게 된다는 것은, 사람이 하는 어떤 대화에서도 관찰할 수 있다. 말하기와 움직임은 밀접히 연결되어 있다. 이런 의미에서 몸의 움직임이 말하기와 결합되면 아이들은 모든 것을 훨씬 쉽게 할 수도 있고, 기억을 해야 한다는 큰 부담을 벗어버릴 수도 있다. 이것은 운문 읊기와 함께하는 손가락 동작에서, 시나 단편소설을 위한 팔다리의 동작을 거쳐, 동화가 실연되는 공간에서 하는 온몸 동작에 이르기까지 다양할 수 있다. 아이들은 수업 시간마다 말하기와 행동을 동시에 하는 기회를 가져야 한다. 예컨대, 행동 지시하기 ("Please stand up, go to the blackboard, raise your left arm(일어나서, 칠판으로 가서, 왼손을 드세요)." 등등), 맡겨진 행동을 하면서 말하기 ("I'm carrying Mrs Smith's bag to the window(저는 스미스 부인의 가방을 창문으로 나르고 있어요.")、다른 아이들이 하는 행동을 묘사하기, 또는 특정 관용구를 특정 몸짓과 결합하며 장면 연출하기 등이 그것이다. 짧은 시나 운문을 암송하면서 하는 작은 몸짓, 즉 부정을 표현하는 팔 동작, 확신에 차서 발을 구르는 동작, 손바닥을 오만하게 내뻗는 동작조차도 학습을 경험과 즐거움으로 만들어준다. 그리고 무엇보다도 이 작은 행동들이 기억력을 발달시킨다.

모국어를 배울 때 옳았던 것이 외국어 수업에도 적용된다. 교사가 말할 때 보여주는 행동이 몸과 더 많이 연관될수록, 아이들이 그것을 재현하는 것이 더 쉬워진다. 그 핵심은 몸을 도구, 즉 문법과 어휘를 담는 일종의 기억 공간으로 사용하는 것이다. 외국 현지에 살면서 제2언어를 편안하게 배우는 것은 교재 읽기를 통해서가 아니라 행동하며 단어와 구조를 습득한다는 사실에 연유한다. 학습이 행동을 통해 이루어지는 시간이 학교에서 안내를 받으며 제2언어를 습득하는 시간보다 훨씬 더 큰 효과를 낳는다. 우리가 관찰하는 다른 사람들의 행동뿐만 아니라 우리 스스로의 행동도 기억을 더 쉽게 해준다. 이 행동이 외국어를 이해하고 다룰 때 뇌의 왼쪽 반뿐만 아니라 온몸이 확실하게 관여할 수 있도록 해준다. 이에 더해, 함께하는 동작을 잘 선택하면 수업의 재미가 더해질 수 있다. 아이들이 즐겁게 하는 것은 무엇이든 기억 속에 훨씬 더 잘 남는다.

학교 공부의 최초 몇 년 동안 외국어 배우기를 더 쉽게 만들어주는 또 다른 요인은, 3학년에서 4학년까지는 못 한다 하더라도, 1학년 시기 전체를 아우르는 정밀한 계획이다. 노래하기, 다 함께 낭송하기, 놀이와 수수께끼가 목표 없이 행해져서는 안 된다. 선정된 관용구, 단어, 구조가 반복해서 제시되고 보석처럼 '닦여야' 한다는 점에서, 아이들이 도움을 받지 못하면 교사가 바란 언어의 풍요로움은 땅속으로 스며드는 빗물처럼 사라져버린다. 그렇게 되면 아이들은 그 풍요로움 속에서 갈팡질팡하게 되어 아무것도 배우지 않았다거나 발전이 전혀 없었다고 느낀다.

아이들의 학습을 더 쉽게 만들어주는 것은, 예컨대 방금 말한 단어들 중에 어느 것을 1월에, 그리고 아마도 3월에, 그리고 여름방학 전에 한 번 더 '보석'으로 삼아 다시 말할지를 10월에 미리 아는, 또한 어떻게, 그리고 언제, 아주 특정한 문법구조가 아이들의 연습과 장면 연출과 학습 놀이에 반복되어 사용될지를 1년 계획 속에서 고려해둔 교사다. 어휘 노트가 5학년 이후에 만들어지기 훨씬 전, 이것이 외국어 교사의 마음속에서 미리 만들어진다. 저학년 수업에서 예술의 요소는 수업을 되도록 우연에 맡기지 않는 교사의 상상력이라는 방법에 기초를 둔다.

그렇다면 저학년 수업에서 피해야 하는 것은 무엇일까? 외국어 학습을 방해하고, 외국어 수업이 건강한 방법으로 다른 모든 과목들과 동반해서 이루어지는 기회를 빼앗는 것은 무엇일까? 여전히 단어와 단어의 뜻이 이 나이대의 의식에서는 아직 분리되지 않고, 외국어의 습득이 반성되지 않는 습관에 대부분 기초해서 이루어진다. 그 결과, 외국어에 대한 거리감을 만들거나, 아이들에게 다른 언어를 지적으로 이해하도록 밀어붙이는 그 어떤 것도 언어 학습을 방해한다. 이것이 무엇을 의미할까? 9세 전의 아이들은 아직 불어나 영어를 외부 세계에서 온 대상으로 지각하지 않는데, 자신이 사는 세계가 아직 자신과 외부 세계 사이에서 분리되지 않고, 이 두 영역이 서로 흘러 들어가기 때문이다. 아이들은 아직 자신이 지각하는 것을 명료한 개념, 즉 단어를 통해 의식적 자아에 접근하기 쉽게 만들지 않아도 된다. 자아와 세계, 주체와 객체를 의식하는 것은 나중에 일어나는 일로서 아이에게 쉽게 시킬 수 있다. 그래서 우리는 '이 단어를 이해하겠니?'라고 묻거나, '이 문장 속에 있는 모든 단어를 번역해다오.'라고 말하기만 하면 된다. 이때는 이미 우리가 아이를 추상적 개념 속으로 들어가도록 유도하는 것이다. 이러한 일을 통해 우리가 두 언어 사이에 단어들 간의 등가성이 있다는 착각을 부추긴다는 사실은 아예 별개로 하고 말이다.

모든 해체, 모든 지적 과정은 언어의 무의식적 습득을 방해한다. 저학년 학생들에게는 모든 단어가 내용과 소리라는 면에서 해체되어서는 안 되며, 문장도 요소로 분석되어서는 안 된다. 우리가 말로 가르치기나 문법 규칙의 설명에 의존하면, 9세나 10세 이전 아이들에게서 외국어에 접근하는 특별한 방법을 빼앗는 꼴이 된다. 이것은 아이들이 4학년 때부터 조금씩 안내받게 되는, 즉 중급 학년에서 적합한 방법이다.

중급 학년: 4~8학년

영혼이 더는 환경에 몰두하게 하지 않고 환경에서 물러나기 시작하는 9세에서 10세 아이들의 의식에는 상전벽해 같은 큰 변화가 일어난다. 이때에는 주체와 객체를 구별하는 일이 가능해진다. 이때 아이들은 어떤 해도 입지 않으면서 글로 쓰인 언어처럼 추상적인 것과 씨름할 수 있다. 처음에는 루돌프 슈타이너가 이 나이대에 모국어 수업에서도 아이들이 문자와 처음으로 만나는 일이 이루어지기를 바랐음에도 당시 교육의 관습적 방법에 순응했지만, 1학년 쓰기 수업에서는 그림의 요소가 강한 교수법을 쓸 것을 강력히 주문했다.

외국어로 쓰기를 배울 때, 첫 3년 동안 아이들은 시와 운문과 노래 등등으로 익숙해진 것을 기반으로 삼는다. 그 결과, 저학년에서 중급 학년으로 옮겨가는 것에서 갑작스러움을 덜 느끼게 된다. 게다가 아이들이 잘 아는 자료를 이용함으로써, 교재가 달라 보여서 아이들의 발음이 망가지는 일이 생기지 않는다. 특히 시의 행들의 곡선 모양을 문장의 억양과 일치되도록 칠판에 써놓으면, 함께 소리 내어 읽고 나서 개인별로 읽더라도 아이들은 어떤 어려움도 느끼지 않는다. 이러한 편안함이 읽기와 쓰기 솜씨를 빠르게 발전시키는 데에도 아주 큰 도움을 준다. 하지만 그럼에도, 이후 학교의 5년 과정에서 학생들 사이에 불확실한 것들이 생겨날 것이다. 어떤 단어들은 의미를 그야말로 쉽게 드러내 보이기를 거부한다. 영어를 외국어로 배우는 학생들에게는 철자가 헷갈린다. 그 밖의 언어들의 어떤 어순은 도무지 배워지지가 않는다. 또한 어떤 언어에서는 일부 시제의 사용이 수수께끼로 남는다. 이럴 때에는 그 단어와 숙어들을 반복해서 읽는 것, 그리고 교사와 함께 그것들을 더 상세하게 살펴보는 것이 도움이 될 수 있다.

이제는 외국어가 이해력을 향해 움직일 수 있고 움직여야 하는데, 그래야 '안전지대'가 만들어진다. 이것은 올바르고도 필요한 일인데, 4학년 시작과 함께 사고하기의 힘이 발달하는 반면에 모방 능력은 약해지기 때문이다. 11세에서 15세의 아이들은 자신에게 제시되는 주제를 파악하기 위해 자신의 이성을 사용하고 싶어 한다. '모방의 방법'이라고 부를 수 있는 저학년에서의 방법이, 중급 학년에서는 아이의 발달에 부합하는 '학습의 방법'으로 대체되어야 한다. 가르치는 것이 아니라 학습하는 것에 초점이 맞추어진다. 외국어 교사는 수업 내용을 가르치는 것이 아니라 만들고 준비하며, 주제가 제시되는 방법을 학생들이 받아들여 학습하는 것을 더 쉽게 해주는 상황을 마련한다. 규칙적인 것들을 알아볼 수 있게 되고, 언어의 풍요로움이 늘어남에 따라서 점차로 뼈대, 구조, 배열의 규칙이 자리 잡힌다. 학년이 더 진행되면서 학생은 계획된 체계적 방법으로 외국어의 문법을 인식하게 된다.

효과적 학습을 가능하게 하기 위해 중급 학년을 통틀어 반복되는 주제는 학생들의 독립된 주도성을 사용하여 언어의 토대를 이루는 구조를 인식하게 하는 것이다. 교사는 연습 기회를 끊임없이 변화시키는 데 언어가 사용될 수 있는 상황을 제공한다. 학생들이 특정한 문법구조를 사용하고 그 유형을 인식할 수 있는 기회를 준다. 우리가 배우는 것이 어떻게 우리 안에 그 근원을 갖는지 경험하게 해주는 것이 바로 그 주제다. 학생들이 스스로 발견하는 모든 규칙은, 그들이 그것을 아무리 서투르게 표현한다 할지라도, 어른의 사고가 만들어낸 기성의 공식보다 몇 배는 더 생산적이다. 후자는 아이를 위축시키기 십상이다. 문법에 관한 설명 또한 성장하고 엄밀해져야 한다. 이러한 규칙들은 교사가 그것을 칠판에 쓴 뒤에 모국어로 된 별도의 문법책에 기입된다. 문법 규칙을 적으면서 학습하는 것은 대화와 연습을 통해 그 규칙을 반복해서 적용해보는 아주 많은 수업을 한 뒤에 이루어진다. 규칙은 이처럼 말하기라는 직접적 행동을 통해 도출되고, 의식하게 되며, 그러고 나서 다시 무의식적으로, 상황에 따라, 자발적으로 사용된다. 빈번히 사용되는 구조를 이해하면서 간파하는 과정이 중급 학년 학생에게 안정감을 준다.

사고를 통해 학생이 어떤 것을 파악하고 나서 옳고 그름에 관해 근거가 충분한 판단에 이른다는 점에서, 불확실한 것들이 제거된다. 이것이 내면의 방향 감각과 신뢰와 자신감을 주고, 성장하는 아이를 곧추 세워 안정된 뼈대 구조를 만들어준다. 이것이 아마도 4학년에서 8학년까지 문법 수업의 가장 중요한 교육적 기능이다.

언어에 관한 지식은 자발적 말하기라는 면에서 볼 때 언어에 대한 느낌과는 아주 다르다. 후자와 관련하여, 학생들은 저학년에서 이야기뿐만 아니라 시, 박자를 맞추는 운문, 노래와 짧은 대화를 통해 많은 도움을 받는다. 중급 학년에서는 빈번한 암기의 도움을 받는다. 이런 방법으로 언어는 언어에 대한 느낌이 형성되는 무의식 차원으로 파고 들어간다. 그 뒤에 상급 학년 학생들이 정확하게도, '이유는 모르겠지만 그건 잘못됐어. 우스꽝스럽게 들린단 말이야.'라고 말할 수 있게 되는 것이 바로 이 차원에서이다. 학생들이 중급학년의 외국어 수업에서 만나게 되는 모든 것, 즉 날마다 하는 대화, 시, 읽기 자료에서 뽑아낸 구절 등등은 암기에 적합한 것이다. 학생들이 외국어 사용을 연습하는 데에는 충분한 기회가 주어질 수가 없다. 교사가 해주는 지도, 설명, 강의는 대부분 아이의 경험 밖의 것인데, 그것들은 외부로부터 '가르쳐지는' 것이기 때문이다. 그것들은 학생들 스스로 말하는 것, 학생들이 (기대하며) 듣기 원하는 것을 읽고 듣는 것의 대체물로는 부족하다.

언어 감각은 (물론 어휘의 성장 또한) 특히 많이 읽음으로써 향상된다. 이것이 바로 수업에 이야기책이 처음으로 도입되는 이유이다. 여기서도 역시 학생들이 느끼고 싶어 하는 안정감이 충족되어야 한다. 무엇보다도 이것은 교재를 이해할 때의 안정감을 의미한다. 그러기 위해 번역이나 두 언어의 어휘 비교가 필요한 것은 아니라는 점은 6장에서 설명하겠다. 텍스트의 기본 사항을 이해하는 것은 (즉 화자가 누구이고, 누가 어떤 방식으로 행동하며, 누구와 왜 어디로 왔는지를 이해하는 것은), 학습자들이 그 텍스트의 내용을 토론하도록 유도하고자 한다면 필수 전제 조건이다. 나아가 문장의 의미를 표현하며 재생산해야 하는 읽기라는 중요한 행위는, 학생들이 그 한 부분 또는 한 페이지를 이해할 수 있도록 도움을 받는다면 더 쉬워진다.

중급 학년 수업에서 학생들의 기억력과 점점 성장하는 지능을 고려해야 하는 것과 마찬가지로, 기쁨, 긴장, 슬픔, 유머, 즉 느낌을 위한 공간도 마련해야 한다. 따라서 읽을거리는 매우 세심하게 선택해야 한다. 발도르프 학교의 읽기 자료에서 고전 부분에 해당하는 텍스트는 학생들의 관심과 완전히 일치하는 텍스트와 마찬가지로 처음에는 학생들의 내면과 거의 관계 맺지 않은 채 만들어질 수도 있다. 예컨대 다른 문화의 위대한 신화들이 TV 채널을 이리저리 돌리거나, 인터넷 속을 돌아다니면서 오후 시간을 보내는 일이 빈번한 5학년 학생들에게는 매우 낯설게 보일 수도 있다. 하지만 예술적 방식으로 영웅 전설을 들려주는 것은 이러한 아이들이 귀를 기울이게 하는 데 도움을 줄 수도 있다.

영웅 전설이 묘사하는 인간의 운명은 외국어에서 '적합한 단어 찾기'를 더 쉽게 해줄 뿐만 아니라, 학생들이 자신의 경험을 명료하게 말하고, 더 분화된 방식으로 세계를 지각하며, 관찰할 수 있는 가능성을 넓히고, 자신과 세계에 관한 의식을 좀 더 확장하도록 돕는 느낌을 가능케 해준다.

읽을거리를 선택하는 특별한 비결은 없다. 다만 읽기를 통해 외국어를 배우는 것을 더 쉽게 하기 위해서는 다음 사항들을 고려해야 한다.

- 개별 학급과 그 학급 학생들이 특별히 좋아하는 것
- 그 연령대의 '내면에 관한' 주제
- 성장 단계와 관련된 슈타이너의 설명
- 필요한 '영혼의 자양분'
- 실용적 언어의 목표
- 외국 문화의 특성과 친숙해지는 것
- 수업 환경
- 학생들의 훗날의 삶

학생들의 느낌에 다가가지 못하는 이야기는 교육의 관점에서도, 실용 언어의 관점에서도 도움이 되지 않는다. 10세에서 15세까지 외국어를 배우는 능력은 언어 수업을 즐기는 데에 아주 긴밀히 연결되어 있다. 아이들이 읽을 자료를 선택하는 것과 그 자료를 사용하는 형식에서 경험의 산물인 이 사실들을 간과해서는 안 된다.

우리는 규칙의 무의식적 흡수가 중급 학년에서 문법에 관한 의식적 통찰로 대체된다는 사실을 보여주려고 노력했다. 저학년에서 무의식적으로 어휘를 흡수하던 것이 이제는 학생들이 따라갈 수 있고 학생들에게 이해되는 어휘 공부로 대체되기도 한다. 이것이 중급 학년에서도 대개 6학년 때 단어장 쓰기가 시작되는 이유이다. 우리가 단어장이나 색인 카드를 사용할지 여부는 이 나이대의 아이들이 갖는 특정한 바람을 고려해야 한다는 사실보다는 중요치 않다. 대부분의 학생들은,

- 분명하게 특별히 중요한 어휘를 기록해두고,
- 그 뜻을 파악하고,
- 새로운 어휘를 문장에서 활용하고,
- 어떤 단어들은 이를테면 숙제를 할 때 가능한 한 빨리 찾고,
- 어휘 목록의 도움으로 단어를 배우고 싶어 한다.

비록 이러한 바람과 그들의 실행이 항상 일치하지 않는다

할지라도, 교육적 이유가 충분하다는 이유만으로도 이 바람은 가능한 한 충족되어야 한다. 대다수의 중급 학년 학생들은 더 많은 자료를 학습해서 스스로의 학습이 더욱 진전되기를 원한다. 경험으로 보건대 이 학생들에게는 무언가를 배운다는 느낌이 선물 같은 것이라고 말할 수 있다.

주의 깊은 수업 계획을 통해 저학년에게 자신감을 준 체계적 어휘 공부가, 이제는 어휘 목록을 만드는 것을 통해 이루어진다. 이제는 새로운 단어를 배우는 것이 저학년 때보다 더 어려워졌고, 단어의 수도 매우 늘어난다. 이제 학생들에게 큰 도전 과제는 4학년에서 8학년까지의 과정 동안 아주 많은 단어를 점점 더 제대로 구사하게 되어, 상급 학년이 시작될 때에는 교사와 학생들 간의 토론이 모국어에 의지하지 않고도 완벽하게 이루어질 수 있어야 한다는 것이다.

중급 학년 아이들은 천천히, 조심스럽게, 그리고 체계적으로 언어 구조에 익숙해져야 한다는 점이 다시 한번 강조되어야 한다. 저학년의 3년 과정에서 학생들에게 깊은 생각 없이도 직접적으로 외국어를 흡수할 수 있는 기회를 주는 것이 발달심리학 면에서 이해된다면, 4학년에서 8학년까지는 그것이 사고하기와 함께 이해되는 것 또한 필요하다. 1학년 때 시작한 하나의 과정 속에서, 이 나이 때에는 '개념적 사고이자 기억력으로 새롭게 깨어나는 외국어 능력을 어떻게 기르고 도울 것인가?'라는 질문을 우리는 계속해서 주의 깊게 해야 한다.

상급 학년: 9~12학년

사춘기가 끝남과 함께 아이들은 어려운 과제에 직면한다. 이제는 그들의 건강한 발달에, 감정적 색조가 강한 주관과 있는 그대로의 세계라는 객관 사이에 성공적으로 다리를 놓는 일이 포함된다. 이 과제는 실제로 실패의 위협을 끊임없이 받는다. 편견이 너무나 강력해지고, 자기비판의 태도는 불충분하게 발달할 뿐이고, 세계 인식은 관점을 잃고 세계가 자기중심적으로 동화될 뿐이며, 편리한 것이 노력하려는 의지를 이기고, 개인적 즐거움을 위해 지적 능력을 이용하면서 실제 상황을 자기 식으로 해석하고, 재빠르고 냉정한 판단이 면밀한 관찰을 가로막는 것 등이 그것이다. 이후의 삶에 아주 큰 영향을 미치는 이 다리 놓기의 어려움이라는 관점에서 아이들을 도울 필요성은 간과될 수 없는 문제이다. 학생들이 자신의 사고와 느낌과 의지를 자신에게가 아니라 세계의 상황에 바치도록 자극받는다면, 자신의 사고와 행동에 내적 지침을 주는 기초가 튼튼한 판단에 이를 수 있는 기회를 부여받는다면, 이러한 힘든 판단의 기초를 이루는 이상들이 수업에서 다루어진다면, 아이들이 자신의 이상과 꿈을 가질 수 있도록 격려된다면, 그리고 교사가 친구처럼 함께하는 위치에 있어서, 학생들에게 내용을 밀어붙이는 것이 아니라, 그들에게 지침을 주는 것이 아니라, 현상과 사실이 스스로 말을 하도록 내버려둔다면, 이때 수업은 도움을 줄 수 있다.

루돌프 슈타이너가 이 조건들을 주목하게 한 사실이 외국어 교사들에게 큰 도움을 주었다. 외국어로 토론에 들어갈 때 특히 아주 중요한 내용, 방법, 수업 행위의 형태가 이 조건들에서 직접 도출될 수 있다. 그러나 무엇보다도 그의 제안은 외국어 수업의 핵심인 대화에 들어가는 방법에 관한 구체적 조언의 표본이 되는 것이다.

그래서 지금 여기의 세계로 들어갈 수 있도록 해주고, 그럼으로써 학생들에게 외국어 수업이 실제 생활 속에 위치한다고 느끼게 해주는 텍스트가 상급 학년 수업에 도입된다. 외국어 신문의 기사가 이제 나타난다. 해당 외국어의 지리적 영역의 다양성이 제시되고, 현대의 시, 극, 산문이 토론되며, 우리는 20세기에 족적을 남겨온 정치적 발전을 다루는데, 현재의 역사적 뿌리를 보여주는 것이 중요하다.

아이들은 아주 다양한 주제들에 관한 판단을 할 수 있다. 예컨대, 외국어로서 영어를 가르치는 데에는 (집중 토론으로 이어지는 일이 빈번한) 셰익스피어의 소름 끼치도록 감동을 주는 인물들과 그들의 행동 동기, (미국뿐만 아니라 우리의 일상생활 속의) 식민주의, 제국주의, 인종주의 사이의 관계, 영국 낭만파의 혁명적 이상 또는 북아일랜드의 사회적 불평등 등이 포함될 수 있다. 우리가 마틴 루터 킹, 마하트마 간디, 앙리 뒤낭, 넬슨 만델라, 플로렌스 나이팅게일, 마이클 패러데이 등등, 몽상가가 되지 않으면서 자기주장의 힘을 준 꿈에 인도될 수 있었던 인물들과 학생들이 말 없는 우정을 쌓게 할 수 있다면, 성장하는 학생 개개인의 이상주의가 고무될 수 있다.

교사는 해석을 주관하는 사람으로서가 아니라, '독서 모임'의 동료 일원으로서 문학 텍스트에 관한 토론에 함께 참여하게 된다. 잘못된 단어 선택, 부정확한 발음이나 문법구조의 사용 오류를 통해 발생하는 의사소통상의 오해를 보여줌으로써, 교사는 토론이 맥락에 맞는 사실과 논리에 초점을 맞추도록 인도한다.

9학년에서 12학년 수업의 내용을 가르칠 때에는, 그 이전 8년 동안 준비되었고 이제는 집중 작업의 주제인 근본 목표가 있다. 즉, 한편으로는 문학 텍스트, 사실에 관한 텍스트, 시에 관한 이해, 그리고 다른 한편으로는 (문법, 번역, 확장된 어휘 등) 언어에 관한 공부가, 학생들을 다른 문화에 더욱 가까이 데리고 가서 그것이 훨씬 친숙하게 느껴지도록 이루어진다. 다양한 민족의 특징을 그들의 문학, 극, 논픽션 텍스트를 통해 읽고 공부할 수 있다. 신뢰할 만한 텍스트 치고, 말하자면 독일어나 불어나 스페인어를 말하는 민족들의 집단 기억을 학생들이 이해할 수 있도록 하는 데 사용될 수 없는 것은 없다. 이런 방식의 간접적 문화 탐구 수업은 우리의 문화를 다른 문화로부터 분리하는 목적에는 기여하지 않는다. 그와는 반대로 이러한 언어 수업은 아이가 모든 문화를 보편적 인간성의 일부로 볼 수 있도록, 즉 다른 문화가 그 이질성을 잃어버리도록 해준다.

언어 구조와 어휘에 관한 작업을 통해서도 이와 동일한 결과를 얻을 수 있다. 한 언어의 구조적 규칙이 다른 언어와 문화 공동체가 사고하고 생활하는 방식과 같은 징후를 보인다면, 그리고 바로 여기에 상급 학년에서의 문법 공부의 변화가 있는데, 우리는 훨씬 더 크게 공감하고 이해하면서 다른 문화에 접근한다. 예컨대 영국인의 특성은 부정사, 분사, 동명사, 그리고 관사나 명사구와 동사구 사용 등의 전형적 영어 구조를 통해 잘 보여줄 수 있다. 간략함, 간결함, 표현의 힘과 다양성이 영어의 영혼이 지닌 본질적 특징으로서 상급 학년 학생들에게 분명히 인식될 수 있다. 루돌프 슈타이너는 외국어 수업을 동사의 형태와 용법에서 시작할 것을 조언했는데, 이렇게 하면 영어와 그 화자들의 본성, 즉 표현의 대단한 정밀성과 함께 엄청난 민첩함과 다양함이라는 특성을 깊이 들여다보게 할 수도 있다.

번역에 관한 작업 또한 전형적 표현 형태를 알아내는 데 목표가 있다. 이러한 연습은 언어 비교라는 관점에서 볼 때 상급 학년에서 적합하고 생산적인 작업이라는 사실 또한 입증되었다. 학생들은 문학 텍스트와 논픽션 텍스트를 가지고 공부할 때 전형적 숙어들도 찾아보아야 한다. 숙어, 연어

('strong tea(진한 차)'나 'crystal clear(수정같이 맑은)'처럼 단어의 고정된 결합 형태), 그리고 토론을 하거나 텍스트를 요약하고 분석할 때 쓸모 있는 구는 어휘 목록에 적어둔다. 이런 것들은 글을 쓰는 일과 실질적인 대화 모두에서 사용할 수 있도록 익혀야 한다. 학생들은 문체의 미묘함 또한 눈여겨보고 시험해본다. 어떤 문체를 정확히 쓰기 위해 문장들을 어떻게 연결해야 할까? 내 생각의 움직임을 한 문장 안에서 접속사로 정밀하게 표현하려면 어떻게 해야 할까? 어떤 시간 구조를 청자나 독자에게 어떻게 명료하게 표현할 수 있을까? 내 의구심, 동의, 근거가 잘 갖추어진 거부 의사를 어떻게 전달할까? 내가 지금 말하고 있는 사람에게 어떤 행동을 (동사의 풍요로움), 어떤 사람의 특징을 (형용사의 풍요로움) 어떻게 하면 가능한 한 정밀하게 묘사할 수 있을까?

이처럼 말과 글을 통해 표현하는 가능성을 계속해서 확장하는 것은 특정한 문화의 내용과 언어의 표현 형태를 발견하고 인식하는 것과 나란히 이루어진다. 물론 이러한 가능성은 수업 시간의 토론과 글쓰기 작업 속에서 끊임없이 검증된다. 후자의 경우에는 11학년과 12학년 때에 학생 개인의 독립적 표현, 즉 아무리 작은 것이라 할지라도 (시나 텍스트에 대한) 논평, 학생들이 스스로 고른 주제에 관한 발표, 학생들의 문학 창작 시도에 많은 공간을 마련해준다. 슈타이너는 학생들의 생각을 사용하는 것을 시작점으로 하여 수업에서 외국어가 말해지기를 바랐다. 앞에서 우리는 이것을 개성에 의해 결정되는 말하기 능력이라고 불렀다. 외국어 수업에서 학생들의 사고가 직면하는 도전 과제는, 상급 학년 학생들이 그들의 개성에 의해 결정되는 이러한 말하기 능력을 연습해보는 기회일 뿐만 아니라, 다른 문화와의 집중된 만남을 위한 아주 적절한 자료이기도 하다.

04

국가시험과
교재

학부모들과 이야기를 나누다보면 발도르프 학교에서도 외국어 수업에서 교재를 사용해야 한다는 바람의 말을 드물지 않게 듣게 된다. 대체로 이 바람에는 두 가지 이유가 있다고 말할 수 있다. 첫째, 교재를 지지하는 학부모들은 교재 없이는 곧 닥칠 국가시험을 통과할 수 있을 만큼 자신의 자녀가 충분히 학습하려 하지 않거나 학습할 수 없다는 두려움을 지니고 있다. 둘째, 그들은 교재가 성공적인 언어 습득 과정을 보장한다고 확신한다. 그런데 두 가지 생각 모두 대단히 조심스럽게 따져보아야 한다.

현재 유럽의 취업 상황은 자녀의 미래를 염려하는 부모들에게 아주 큰 압박으로 작용한다. 어떤 종류가 됐든 일자리

시장에서 기회를 잡을 수 있는 자격 조건을 가지고 학교를 졸업하지 않아도 되는 사람은 없으며, 발도르프 학교 또한 물론 이러한 상황에 영향을 받는다. 비록 발도르프 학교가 경제활동 인력의 공급자를 자처하지는 않는다 할지라도, 국가시험을 권하는 교육기관으로서 이러한 새로운 사회 조건에 눈을 감을 수는 없다. 내 생각에 이것은 외국어 교육이 언어 습득의 도구적 측면에 더 큰 강조점을 둔다 할지라도, 외국어 교육과 관련한 학부모들의 기대를 아주 진지하게 다루어야 한다는 것을 뜻하기도 한다. 부모들은 12년간의 교육과 함께 다양한 수준의 졸업 후 시험을 권하는 발도르프 학교에, 자신들의 자녀가 이 시험들을 잘 준비할 수 있도록 해주기를 기대할 자격이 있다. 이것은 그 시험들이 수업의 방법론과 소재 선택과 관련하여 중급 학년 이후로 계속해서 수업에 영향을 미친다는 것을 의미하는 것도 아니고, 그러한 수업이 국가시험을 성공적으로 치르는 데 방해가 되어서도 안 된다. 외국어 수업에 대해 이것은 시험에서 요구되는 기술이 주의 깊게 준비되어야 한다는 것을 뜻한다. 이 마지막 문장은 두 가지의 서로 다른 일련의 기술들, 즉 시험에서 요구하는 것을 대비하는 첫 번째 영역, 그리고 발도르프 교육을 따르는 외국어 수업의 목표에 상응하는 두 번째 영역에 관해 이야기하고 있음을 뜻하는 것으로 해석될 수 있다. 이러한 추정은 완전히 잘못된 것이다. 물론 우리는 한 가지의 똑같은 일련의 기술을 다루는 것이다. 발도르프 학교에서는 더 높은 목표에 도달하기 위해서뿐만 아니라 말하기와 글쓰기의 표현 기술을 성취하기 위해 다른 방법을 채택하는 것일 뿐이다.

수업 소재의 선택 면에서 발도르프 학교는 공립학교와 실제로 그렇게 다르지 않다. 발도르프 학교를 다르게 만드는 것은 그들이 12년 과정에서 그 수업 소재를 위치시키는 자리, 그리고 수업의 방법론이다. 이 방법론이 위에서 언급한 실용적 기술을 습득하는 데에도 도움이 된다는 것이 내 확고한 신념이기도 하다.

이것은 이 기술이 '속성 학습'에서도, 소재의 실용적 배치와 미리 정해진 교재 수업을 통한 획일적 작업 방식에서도 생기지 않고, 학습자에게 중요한 의미를 갖는 내용에서, 신중하게 계획된 '느린 학습'에서, 판에 박힌 작업이 되지 않으려 애쓰는 과정에서, 가능한 한 활동 경험을 통해 외국어를 다루는 데서 생기기 때문이다.

"들려주면, 나는 잊어버린다. 가르쳐주면, 나는 기억한다. 경험하게
하면, 나는 배운다."

벤저민 프랭클린이 이렇게 말한 것으로 알려져 있다. 경
험하는 것, 머리와 가슴과 손을 쓰게 하는 것은 성장하는
아이 안에 이 기술들을 깊이 고정시켜 오랫동안 쓸 수 있게
해준다.

교재의 도움으로 외국어를 더 잘, 그리고 더 성공적으로
배울 수 있다는 확신은, 내 생각에는 교재와 확실히 연관성
이 있는 수많은 이점에 기초를 둔다. 교사가 바뀌더라도 새
로이 학급을 맡은 교사는 그동안 수업이 어떻게 진행되었는
지를 정확히 알 수 있다. 그리고 학생들이 학교를 바꾸더라
도 수업이 앞으로 어떻게 진행될지 알 수 있다. 학습 능력이
떨어지는 학생들은 문법에 관한 장들이나 어휘 단원들을 교
재에서 반복해서 볼 수 있다. 1년 과정의 체계적 문법 진도
가 교재의 단원들을 통한 엄밀한 수업을 통해 확실히 보장
된다. 교재는 완결된 기본 어휘를 확실히 이용할 수 있게 해
주기도 한다. 외국어 교사가 교재의 진도에 따라 수업하는
것을 부모들은 분명히 따라갈 수 있다. 이러한 이점들을 살

펴볼 때, 교재가 부모와 학생들에게 안심의 느낌을 준다는 점을 이해할 수 있다.

하지만 판단을 시도하게 되는 모든 경우 그렇듯이, 우리는 있을 수 있는 반대 주장 또한 고려해보아야 한다. 교재는 큰 경제적 이익뿐만 아니라 막대한 생산 비용과 결합된 상품이다. 상품으로서의 교재의 본질은 그것이 단순한 교재가 아니라 학습 요점 정리라는 점에 있다. 모든 교재는 다양한 종류의 보조 자료와 결합되어 있다. 기본 '교재'와 마찬가지로 학생은 이 다른 상품도 구매할 필요가 있다. 상업 생산품으로서 교재의 본질은 그것이 시장 지분을 위해 싸워야 하고, 따라서 항상 유행을 타야 하며, 출판업자의 마케팅은 구매자들에게 자기네 상품을 가지면 외국어를 빠르고 쉽게 배울 수 있다고 확신시키기 위해 애쓴다는 점에 있다. 이러한 것이 상대적으로 빈번한 개정판과 새 상품으로 이어지는데, 여기에는 무엇이 최신의 것인가를 결정하는 교육적 관점이 없다. 만화책과 유사한 읽기 교재, 또는 주제와 언어를 발췌한 자료집을 채택하는 것은 그것이 학교의 교육 목표와 얼마나 맞지 않는지를 보여준다. 이 모든 것은 교재가 학생들의 관심을 염두에 두고 쓰인 것이냐는 물음을 회피한다.

교재는 각각의 카드가 다른 카드를 떠받치는 카드의 집과 같은 구조로 되어 있기 때문에, 일단 교사가 교재를 가지고 수업을 시작하면 교재의 진도를 반드시 지켜야 한다. 이것은 교사가 제한된 정도만큼 수업의 설계자가 될 수 있음을 뜻한다. 달리 말하자면 학습 목표를 결정하는 일이, 예컨대 문법 가운데 어떤 점을 가르치고 그것을 어떻게 사용할지를 결정하는 일이 교사의 손에서 박탈된다. 이것은 심각한 점을 뜻하는데, 바로 학습 목표를 결정할 수 있어야만 교사가 수업에서 하는 가장 간단한 말에서조차 학생들에게 학습하는 길을 안내할 수 있기 때문이다.

학급의 모든 학생에게 교재는 항상 똑같은 내용이다. 즉, 교재는 학습 과정을 표준화한다. 뻔한 말이지만 이것은 중요하다. 교재를 사용하는 것은 미리 주어져 있을 뿐만 아니라 신중하게 개별 단계로 구분되는 학습 과정을, 모든 학생이 계획된 방식 속에서 똑같은 속도로 따라가 거의 똑같은 성취에 이른다는 전제에 기초를 둔다. 그 본질상 교재는 개개인의 학습 과정, 학습 속도, 그리고 주제를 소화하는 서로 다른 방식에 대처할 수 없다. 학생 개개인을 알고, 주어지는 자료에 학생들이 반응하는 방식을 경험하는 교사만이 학생 개개인에게 맞는 외국어 수업을 시도할 수 있다. 예컨대 이 것은 학생들이 방금 다루어진 주제를 그들의 '내면 문법'에 당장은 추가하려 하지 않으려 하니 지금 이 순간에는 그냥 내버려두라는 심리를 인정해주는 것, 학생이 텍스트를 이해 하는 데에는 어려움이 있고, 따라서 교사는 여러 가지 질문 에 응해야 한다는 사실을 알아채는 것, 어떤 학생들은 문맥 안에서 특정 동사를 전혀 사용하지 못하기에 특정한 연습 과 도움이 필요하다는 점을 인식하는 것, 또는 학생 개개인 이 삶의 현실과 맺는 관계를 느껴보고 언어를 통한 상호작 용에서 그 느낌을 이용해보는 것 등을 의미한다. 학생 개개 인에게 맞추는 이러한, 그리고 그 밖의 다른 방법들은 보통 말하는 교재에 의해서는 운영될 수 없다. 위에서 언급한 학 습 과정 표준화의 두 번째 문제 역시 과소평가되어서는 안 된다. 개인의 학습 과정에서 미리 정해진 획일적 과정을 항 상 따라갈 수는 없는 학생들이 주목을 받는다는 것, 즉 골 치를 썩이는 학생, 심지어는 학습 장애가 있는 학생으로 비 칠 위험이 있다는 점이 그러하다.

교재는 미리 정해져 있고 결정력을 가졌다. 따라서 다양 한 학습 영역에서 독립된 작업이 이루어질 수 없다는 큰 위험성이 있다. 교재의 저자는 모든 문법을 포괄하고 어휘를 체계적으로 제시하기 위해 모든 단원에 수많은 주제를 짜 넣어야 하기 때문에, 대화와 산문 지문이 적절한 의미를 담기 힘들다. 그것은 대부분 반드시 써야 하는 것으로 되어 있는 목록에서 어휘를 취해 오는 것이라 부자연스러운 단어로 이루어진 문법 예문들이다.

마지막으로 교재를 사용하면 수업을 구성하는 교사의 자유를 빼앗기게 된다. 이것은 교사가 문법 수업을 위해 스스로 만든 자료, 개인적 연구와 외국어 사용 지역을 방문한 데서 얻은 교훈, 선택한 어휘, 그리고 가르친 경험에 기초를 둔 문법 수업의 구성 형식을 사용하지 않는다는 것을 뜻한다. 특히 특정한 개별 학급 학생들의 학급 토론, 그리고 그들의 내면과 정신의 발달과 관련하여 교사가 높은 기대감을 갖는 텍스트와 시, 즉 교사가 열정을 가지고 가르칠 수 있는 자료를 포기한다는 것을 뜻한다.

발도르프 학교의 외국어 수업에 실망한 독자들이 있다면 이 주장의 일부가 어렵게 생각될 수도 있다. 두 가지 점을 결론으로 말할 수 있겠다. 나는 지난 28년간 외국어 수업에 관한 수많은 학술지를 읽었다. 주류 학교의 외국어 수업에서 10대 학생들의 짧고 퉁명스러운 대답에 관한 불만이 감소된 적이 없었고, 결국은 학교를 졸업할 때 불만족스러운 결과에 관한 실망 또한 줄어들지 않았다. 매우 다양한 방법, 의사소통 학습 목표에 관한 해를 거듭한 토론, 여러 언어학 연구자의 의견 제시, 그리고 끊임없이 개선되고 있다고들 하는 수많은 교재에도 불구하고, 결과는 그렇다.

둘째, 발도르프 학교의 많은 외국어 교사가 교재를 사용하지 않는다는 사실은 관련 교사들이 루돌프 슈타이너에게 배워서 확고하고도 무비판적으로 고수하는 교조에 그 근거가 있지 않다. 그들이 교재를 쓰지 않는 것은 이중의 바람에 기초한 것이다. 한편으로 그들은 교재의 저자가 고안해낸 실존하지 않는 학생이 아니라, 자기 앞에 앉아 있는 학생이 그 외국어에 다가갈 수 있게 해주기를 원한다. 다른 한편으로는 이 개개의 학생들에게 사회의 공리적 요구와 무관하면서도 아이들이 세계와 관계 맺는 힘을 강하게 해주는 의미 있는 무언가를 제공하기를 바란다.

05

●

어휘력은
어떻게 쌓일까?

외국어 수업에서 어휘와 문법을 두 가지의 분리된 요소로 보는 것은 언어의 실상과도, 수업에서 실제로 벌어지는 일과도 부합하지 않는다. 단어를 사용하는 것은 언제나 문법구조를 포함한다. 저학년 수업에서 운문 낭독, 대화, 시 낭송을 할 때 아이들은 적용되는 규칙을 항상 반복하는 것이기도 한데, 그중 일부는 극히 복잡하기도 하다. 따라서 어휘와 문법은 이론상으로만 분리해서 볼 수 있다. 그래서 수업에서 이 두 가지 중 한쪽 분야에 관해 말하는 것들 가운데 많은 것이 다른 쪽 분야에도 적용된다는 것을 의미한다.

저학년에서는 언어 습득이, 그리고 어휘 습득도 어느 정도까지는 외국어 습득이라기보다는 모국어 습득과 같은 것이다. 깊이 생각하지 않고도 곧바로 단어를 이해하는 능력은, 앞서 설명했듯이 9세에서 10세에 쇠퇴한다. 중급 학년 때 어휘 발달에서 이러한 변화가 일어나지만, 교사는 자연스러운 제2언어의 습득, 즉 학교에서의 계획된 학습보다는 외국에서 언어를 배우는 것과 유사한 환경을 학생들에게 제공한다. 자연스러운 외국어 환경에서 언어를 습득하는 것은 상대적으로 빨리, 그리고 학습자가 거의 알아채지 못하는 가운데 이루어지며, 학습을 더 쉽게 만드는 일정한 특징이 있기 때문이다. 자연스러운 제2언어 습득의 가장 중요한 결정적 요소에 주목한다면, 우리는 발도르프 학교에서 어휘력을 쌓아주고자 노력하는 방법에 관해 금세 깊이 이해할 수 있다.

1. 학습자는 보통 자신이 공부하는 다른 언어를 쓰는 사람들과 통합되고자 하는 바람, 또는 그럴 필요성을 느낀다. 이 요소가 듣고자 하는 특별한 의지와 이해하고자 하는 바람을 만들어내고 다른 언어를 배우고자 하는 관심을 높인다.

2. 언어 습득은 실제 생활 현장에서 이루어진다. 학습자들이 언어를 습득하여 사용할 때, 동시에 그들은 느낌과 움직임과 사고를

경험한다. 또한 그 언어를 발췌된 것으로가 아니라 전체로서, 어떤 맥락 속에서 만난다. 다시 말해 단어뿐만 아니라 대화 상대의 행동, 몸짓, 억양을 만나고, 바람, 기대, 의도, 실망 또는 희망의 느낌 또한 함께 소리를 낸다.

3. 이러한 상황에서 학습자들이 경험하고 소통하고자 하는 것은 자신들에게 중요하며, 결정적으로 중요할 수도 있다. 의사소통의 욕구가 있기 때문에 그들이 행동하고자 하는 상황은 빈번히 나타난다. 그들의 언어활동은 자신의 생활과 관계되어 있다. 그 결과, 외국어는 어떤 목적을 갖는 의사소통 행위의 매개로 끊임없이 경험된다. 말을 할 만한 동기는 아주 큰 것이다. 말을 하는 사람은 자기 자신으로서 행동한다.

4. 적극적 학습이 이루어지는 시간은 길다. 예컨대 동사에 의해 묘사되는 행동은 대개 말하는 사람에 의해 수행된다는 것을 뜻한다.

5. 학습자는 쓸모 있는 구와 문법 형태를 상대적으로 자주 만난다. 이 요소들은 특정 상황에서 나타나기 때문에, 듣고 난 다음에 이해하게 되는 경우가 종종 있다.

6. 일단 많이 듣게 되면, 즉 내면의 꽤 긴 처리 과정 단계를 거치고 난 뒤에는 그것을 능동적으로 사용할 기회 또한 빈번히 생긴다.

자연스러운 제2언어 습득의 더 많은 특징들을 설명할 수 있게 되면서, 우리는 외국어 수업에서 학생들이 어휘력을 쌓는 것을 더 쉽게 만들어주는 방법에 관한 중대한 요령을 얻게 된다. 즉,

1. 학습자의 주의력이 크면 클수록 그들은 마주하는 단어를 더 쉽고 완전하게 흡수한다. 수업 동안 학습자의 기분, 예상, 이해하고자 하는 의도, 호기심, 기대, 토론에 참여하고자 하는 내적 자발성과 의지가 단어의 기억에 중대한 영향을 미친다.

2. 외국어 단어는 기쁨, 재미, 호기심, 놀라움, 슬픔, 기대와 함께 만나게 되면, 요컨대 그 만남이 경험을 통해 이루어지면, 우리 기억에 도장을 찍은 것처럼 인상을 남긴다. 슈타이너는 이렇게 말했다.

"우리가 삶의 나중 단계에서 회상할 수 있는 생각과 마음속 이미지의 지속적 특징을 실제로 전달해주는 것은 기쁨, 고통, 즐거움, 불쾌함, 긴장, 이완이 수반되는 느낌의 생활입니다."[1]

언어가 지성을 통해서만이 아니라 느낌에 의해 받아들여지면

---

1   슈타이너, 『청소년 교육(Education for Adolescents)』, 1921년 6월 12일 강연, p.18.

이처럼 장기간의 기억에 확실히 접근할 수 있다.

3. 단어를 연습할 때 수업의 세계와 학습자의 일상 세계가 가능한 한 밀접히 일치하는 것이 단어를 흡수하는 데에 분명히 아주 중요하다. (나와 어떤 단어들을 연습하기를 바라는) 교사와의 대화가 내 실제 생활과 연관되어 있는가? 그 대화가 나를 하나의 개인으로 대하면서 내게 말을 거는가? 내 대답이 적절한가, 또는 교사의 응답이 단순히 언어와 관련된 것인가? 이것은 수업에서 학생들이 적극적 답변을 얻어야 하는 질문들이다.

4. 교사와 학생의 말하기는 가능한 한 자주 움직임과 연결되어야 한다.

5. 특히 습득 단계 동안에 학생들은 단어를 반복해서 학습할 수 있어야 한다. 또한 학생들이 의지와 기억의 힘을 강화하면, 반복을 통한 인식과 사용은 습관에 의한 사용과 습관에 대한 작용을 촉진한다. 슈타이너는 느낌 생활을 통한 방법과 함께 반복 활동을 통한 방법이 인간의 기억력이 자리한 생명의 신체에 도달하는 두 번째 가능성이라는 점을 지적한다.

6. 새로운 단어를 능동적으로 사용하는 것에 앞서 순수한 수용의 더 오랜 단계가 놓인다. 후자가 학생들에게 그 단어를 정확하게 사용하는 방법을 이해하고 있다고 스스로 확신할 만한 시간을

준다. 학생들이 그 단어를 빨리 사용하기 시작해야 한다고 요구하는 것은 분명히 이 시간을 방해하는 행위이다.

그렇다면 이 방법의 원리가 어휘 작업에 어떻게 반영될까? 첫 번째 원리가 모든 학습에 적용된다면, 외국어를 스스로 말하는 것 이외에 외국어 말하기를 배우는 방법은 없기 때문에 수업 시간 학생의 기분이 그렇게 중요하다는 점이 어휘 학습과 관련하여 강조되어야 한다. 학생들은 단지 생각하는 것만이 아니라 말을 함으로써 수업에 참여해야 한다. 어휘력을 높이려면 어휘를 직접 사용하고, 그 사용을 통해 대화와 연습에서 능동적 역할을 맡아야 한다. 실제로 학생들이 스스로에게 요구하는 노력이 더 크면 클수록, (어떤 종류의 습득 과정에서도 나타나는) 어휘 선택 과정과 정보 손실은 더 줄어든다. 또한 지루함과 흥미의 결여는 학생들로부터 기회를 앗아간다. 반대로 높은 주의력은 몰입 능력을 증가시킨다. 외국어 수업을 대하는, 사전에 형성된 태도가 어느 정도까지 교사와 학생들의 관계에, 수업 안팎에서 교사가 학생들에게 하는 행동에, 교사의 교육적 재치, 교사가 학생들에게 말을 거는 방식, 목소리의 사용, 학생들 앞에서의 움직임에 달려 있는지는 이쯤만 말해두기로 한다.

수업을 시작하는 방식을 통해 교사는 상당한 정도로 학생들의 기분에 영향을 미친다. 수업이 시작될 때 예상치 못한 신기하거나 재미나는 일이 벌어지면 학생들의 태도가 좋아진다. 그러나 수업의 시작이 특정 태도의 유일한 원인은 아니다. 그 태도는 그 과목의 수업 방식, 또는 그 전형적 수업을 이전에 어떻게 경험했느냐에 따라 형성되기도 한다. 수업이 따분한가? 집중과 이완이 번갈아 이루어지는가? 수업이 끝날 때 더 피곤한가, 아니면 더 초롱초롱한가? 수업은 얼마나 명료하게 구성되어 있는가? 다음 수업이 내 배움의 진전을 약속한다는 것이 분명해 보이는가? 나는 익살맞은 발표 방식이나 재미나는 어휘 전달 방법을 고대하고 있는가? 달리 말해서 참여하고자 하는 의지는 언제나 이전에 있었던 일에 반응하는 것이기도 하고, 그것은 다시 수업 동안의 여러 자잘한 경험으로 이루어진다.

두 번째와 네 번째 원리와 관련해서는, 예컨대 '딱딱한 (hard)', '부드러운(soft)', '거친(rough)', '매끄러운(smooth)'이라는 형용사의 뜻을 처음에 돌, 스펀지, 사포, 광을 낸 나뭇조각을 가지고 가르치면, 학생들이 이 형용사들을 기억하는 것이 더 쉬워짐을 알게 된다는 경험을 언급할 만하다. 그 다음 수업에서 교사는 학생들에게 물건을 만져보면서 (그 특질이 아니라) 그것이 무엇인지 알아맞혀보라고 한다. 그러고는 다시 그 각각의 특질에 이름을 붙여주고 나서, 학생들에게 숨겨진 물건을 만져보고 그것이 딱딱한지, 부드러운지, 거친지, 매끄러운지 말해보라고 한다. 교사가 손에 놓인 탁구공을 부는 모습을 보고, "I am blowing the ball off my hand(나는 내 손에 있는 공을 불어서 날려 보내고 있어요)."라고 말하는 것을 듣는다면, 학생들은 '불다(to blow)'라는 동사를 기억할 수 있다. 그때 한 학생에게 똑같이 해보라고 한 다음에 "Mary can blow the ball off her hand(메리는 그녀 손 위의 공을 불어서 날려 보낼 수 있어요)."라고 말한다. 학생들은 손이나 책상 위에 있는 물건을 불어서 날려 보내고, 그때마다 교사는 학생들이 한 행동을 묘사한다. 몇 번의 수업을 더 하고 나서야 학생들에게 무언가를 날려 보내라고 하고, 학생들은 자신이 무엇을 하고 있는지 말한다. 일반화가 이루어진다. 즉, 학생들 스스로 실제로 모자가 써지고 (the hat is actually put on), 무언가를 자르기 위해 가위가 사용되며(the scissors are used to cut something), 책장이 넘겨지고(the book is leafed through), 창문이 열린다(the window is opened). 동사가 학생의 경험 영역으로 들어간다.

그리고 다른 감각들도 다루어질 수 있다. 학생이 자신의 등 뒤에서 비슷한 물건들을 서로 부딪치는 교사에게 이렇게 말한다. "That was wood, that was metal, that was china(그건 나무였어요, 그건 금속이었어요, 그건 도자기였어요)." 교사는 이 단어들을 한 번 더 반복하고, 학생 개개인에게 그 이름들을 반복하게 한다. 그다음 수업에서는 학생들에게 주의해서 듣고 그 재료의 이름을 말해보라고 한다. 또는 어떤 이야기를 들려주는 과정에서 누군가가 큰 상자를 우편물로 받고 '놀란다(surprised).' 상자를 열지 못해 '실망한다(disappointed).' 그런데 스크루드라이버를 사용하여 상자를 열어 펭귄을 발견하고는 '기뻐한다(delighted).' 물론 이야기 속 상자가 실제로 있어야 할 필요는 없다. 팔만 내뻗으면 그 크기를 보여줄 수 있다. 이야기 속에 관련 단어가 등장할 때 교사의 흉내와 몸짓이 아주 분명해진다.

이야기가 더 재치 있고 재미나게 제시될수록, 보고 듣는 아이들의 느낌을 더 강하게 붙잡고, 단어 대 단어의 이해가 될 필요는 없는 명확한 이해는 더 정밀해진다. 후자의 방식으로 어떤 용어의 의미를 고정하고 나면, 그것은 아마 어떤 경우에도 '이미 아는' 것으로 재빨리 버려지기 때문에, 그 단어가 다른 문맥에서 쓰이는 미래의 수업 시간에 필요한 더 이상의 의미들에 어떤 자리도 남겨두지 않는다. 학생이 '기뻐했다(delighted)'는 말에서 누군가 아주 행복했던 장면의 사건을 연상하고, 그 사람에게 공감하는 것, 이것이 바로 그 단어를 기억 속에 확실히 담아두는 핵심 요소이다. 그런데 이러한 수업이 아무리 잘 고안된다 할지라도 교사가 'headmaster(교장)'이라는 영어 단어를 보여주고자 한, 스스로 생각해도 탁월한 시연을 하고 나서 알게 되는 사실처럼, 아주 터무니없는 결과를 얻을 수도 있다. 교사의 시연이 끝나자, 한 학생이 교사를 보고 활짝 웃더니 모국어로 이렇게 말한 것이다. "전 그게 뭔지 알아요. 'hairdresser(미용사)'요."

단어들의 어원을 볼 때 퍼뜩 드는 깨달음이 우리의 기억 속에 각인될 수도 있다. 독일어 'Stadt(도시)'가 왜 영어에서는 'town'이 될까? 옛날에는 집단을 이룬 집들 바깥에 울타리가 있었기 때문이다 (어원: 고대 색슨어, 고대 스칸디나비아어, 고대 프리지아어의 'tun'='fence(울타리)', 'hedge(산울타리)'). 왜 영어 단어 'dish(접시)'는 독일어 단어 'Tisch(table, 탁자)'와 발음이 비슷할까? 옛날에는 식탁에서 수프나 스튜를 담아 그대로 떠먹을 수 있도록 식탁 윗면에 움푹한 구멍을 여러 군데 파놓았기 때문이다. 이와 마찬가지로 학생들의 눈에서 번뜩이는 이해의 빛이 단어의 비교를 통해 나타날 수 있다. 즉, 영어의 'lake(호수)'와 독일어의 'Lache(puddle, 물웅덩이)', 안으로 미는 독일어의 'Schublade[2](서랍)'과 밖으로 당기는 영어의 'drawer[3](서랍)' 등등.

세 번째 원리는 우리가 학생들의 일상 세계를 고려하는 어휘 연습을 한다는 것을 암시한다. 전 수업에 다룬 어휘 중 일부를 칠판 위에 쓰고 교사가 그것을 대화에서 사용하면, 그리고 교사가 하는 질문이 실제 질문이라면, 우리는 학생이 이 단어들을 기억 속에 확실히 담는 일을 더 쉽게 만들어줄 수 있다.

To be fond of(좋아하다).

---

2   역주) Schub(밀기) + Lade(상자)
3   역주) draw=당기다

교사: "Are you fond of table tennis?(너는 탁구를 좋아하니?)"

학생: "No, I'm fond of basketball.(아니요, 저는 농구를 좋아해요.)"

To meet(만나다).

교사: "When did you first meet Thomas?(너는 언제 처음 토머스를 만났니?)"

학생: "I met him eight years ago.(저는 그를 8년 전에 만났어요.)"

학생들에게 이런 질문을 만들어보라고 하면, 그것은 흥미롭게도 거의 언제나 실제 질문이다. 어떤 학생에게 'to drink(마시다)'라는 말을 사용해보라고 하자, 학생은 술을 절제하는 것으로 알려진 교사에게 짓궂은 표정을 지으면서 이렇게 물었다. "Do you drink wine(선생님은 와인을 마시나요)?"

어휘를 지속적으로 기억하기 위한 규칙적 반복의 중요성 때문에, 어휘를 반복 연습하는 때와 관련하여 교사의 주의 깊은 계획이 요구된다. 다른 한편으로 이 원리는 많은 상상력을 요구하는데, 처음 마주했을 때만큼의 많은 연습을 하면서 주의력, 자발적 태도, 그리고 가능한 한 학습자의 즐거움이 필요하기 때문이다. 학생들은 자신이 아는 약간의 단어를 가지고 작은 이야기를 들려줄 수 있는 기회가 주어질 때, 교사의 재미나는 질문에 교사가 사용한 어휘를 가지고 유머 있는 대답을 할 수 있을 때, 또는 스스로 익숙한 단어들을 가지고 십자말풀이 문제를 만들 수 있을 때 더욱 자발적으로 연습을 한다. 또는 학생들에게 한 문장에서 특정 단어 두 개, 세 개, 아니면 네 개까지 사용해보라고 하거나, 단어의 정의를 말해보라고 하여 다른 학생들이 그 단어가 무엇인지 추측해보라고 한다거나, 퀴즈를 내서 반대말 쌍에서 빠진 것이 무엇인지 찾아보라고 한다거나, 교사의 호주머니나 가방 속에 어떤 물건이 숨겨져 있는지 짐작해보라고 할 수도 있다. 이런 것들에 학생들이 흥미를 느낄까? 호기심을 가질까? 기꺼이 참여할까? 반복되는 어휘 연습을 구성할 때 이런 점들에 의문점을 던져야 한다. 계속해서 변화하고, 놀랍고 새로우며, 도전 의식을 적절히 북돋우고, 집중적이며, (너무 한꺼번에 많이 하면서 자주 하지 않는 것이 아니라) 짧게 자주 하는 연습이, 학생들이 어휘력을 더 쉽게 강화할 수 있도록 만들어준다.

마지막 원리를 가지고, 즉 어휘가 즉석에서 사용되어야

한다는 요구 때문에 학생의 수용 단계에 지장을 주어서는 안 된다는 원리와 함께, 우리는 문법 수업을 위해서도 매우 중요한 교육 원리에 도달했다. 어휘력을 쌓아갈 때 이 원리는 학습자가 너무 이른 단계에 특정 단어를 문맥 속에 위치하도록 강요당하지 않게끔 해준다. 여기서 '너무 이른'이란, 학생들이 아직 내적으로 준비되어 있지 않고, 새로운 단어를 발음과 문장 속 위치를 통해 정리하여 흡수하지 못했고, 그 의미 면에서 새로운 단어의 경계를 정하는 데 도움을 주는 다른 어휘를 아직 갖고 있지 못하다는 것을 뜻한다. 그러나 학생들에게 시간이 주어진다면, 우리는 그들이 아직 넘어서지 못한 도전에 관해 걱정을 하지 않아도 된다. 새로 배운 단어를 곧장 사용하라는 압박은 신뢰 위에 쌓인 교사와의 관계에 해로운 영향을 미칠 수도 있다. 교사가 학생에게 허락하는 외적 수동성이 내면의 무기력함을 뜻하지는 않는다. 그와는 반대로 신조어 'bed in'의 뜻처럼, 이것은 그 단어가 학생의 내면에 안착하도록 확실한 토대를 만드는 것이다. 그렇게 안착을 돕는 작업에는 그럴 수 있는 기회가 주어져야 한다. 새로운 단어를 처음 만난 뒤, 이어지는 수업의 작은 단계들마다 학생들이 끊임없이 새로운 문맥과 상황을 통해 새로운 단어를 이미 아는 어휘와 결합하고, 그래서 점점 더 정확한 발음, 의미, 용법을 경험할 수 있어야 한다. 이러한 흡수 단계 동안에는 그 단어의 모든 의미를 알아내고자 하는 의지를 낳는 데 매우 효과적일 수 있는 어떤 긴장감이 살아 있게 된다. 새로운 단어를 곧바로 사용하게 하는 것, 그리고 모국어로 번역해주는 것은 이에 반해 그 긴장감을 없애고 의미를 성급하게 고정시키는 것으로 이어지기 때문에 새로운 단어는 쉽게 생명이 없는 어휘로 될 수 있다.

어휘 공부는 발음을 실습하는 말하기가 본질상 주를 이루는 것이고, 의미는 가르쳐지는 것이며, 그 어휘를 문맥 속에서 사용하는 것은 연습에 해당한다는 인상을 받을 수도 있다. 이러한 과제들을 수행하면서 학생들은 중급 학년과 상급 학년에서 자연스럽게 철자법을 실습하고, 점점 더 많은 어휘를 어휘 목록에 적어 넣게 된다.

물론 철자법을 어휘 노트에 적어 넣는다고 해서 확실하게 익혀지지는 않는다. 철자법 수업 또한 학년 내내 정밀하게 계획된 어휘의 순환 반복 연습과 마찬가지로 자체의 체계가 있어야 한다. 단어를 임의로 선택해서 하는 받아쓰기는 교사가 이전에 다룬 단어들, 특히 학생들에게 어려움을 안기는 단어들을 고려하면서 준비한 받아쓰기보다 학습 효과가 떨어진다. 외국어 교사는 과제를 통해 학생들이 되풀이하는 실수가 무엇인지 빨리 알아볼 수 있고, 그것에 체계적으로 대처할 수 있다. 그러나 받아쓰기에는 무언가 건조하고 지루한 점이 있다. 따라서 철자법 연습에 새로운 방식이 추가된다면 학생들의 학습이 더 쉬워질 것이다. 예컨대 5학년 학생들에게는 같은 소리가 나는 (그러나 영어의 'weak'나 'piece'에서처럼 다른 철자의 단어도 자주 쓰는), 또는 다른 발음에 같은 철자를 쓰는 단어들을 장난감 트레일러에 가득 실어 보여줄 수 있다. 6학년 학생들의 경우에는 글자 수는 점점 늘어나면서도 첫 글자는 같은 것으로 하는, 또는 알파벳 순서를 따르는 연속된 단어들을 만들 수 있다. 연속된 단어들은 똑같은 의미장[4]에서 나오거나 항상 똑같은 소리를 지닐 수도 있다. 우리는 학생들과 함께 완전히 똑같은 소리가 나지만 서로 다른 방식으로 쓰이는 단어들을 찾고, 없어진 글자를 추측해서 완전하지 못한 단어의 빈 부분을 메우고, 잘못된 순서로 되어 있는 단어를 순서대로 맞추며, 주어

---

4 역주) 의미장(semantic field): 의미상으로 연관된 단어들의 집합.

진 단어의 글자들을 가지고 가능한 한 많은 새로운 단어들을 써보거나, (영어의 'far, fare'나 'in, inn'에서처럼) 단 한 글자만 추가해서 단어의 뜻을 완전히 바꿀 수도 있다.

졸업 시험 없이도 학생들이 자신감을 가지고 철자를 쓸 수 있고 철자 연습에 일정 시간을 바치는 것은 가능한 일이다. 주된 강조점은 의심할 바 없이 말하기에 두어져야 한다. 또한 글쓰기로 자신을 잘 표현하는 능력 역시 문법과 관용구를 정확히 쓰고 문체 면에서 적절하고 명확하게 표현하는 기술이다. 하지만 그럼에도 독자 쪽의 오해를 피하고 이해를 돕기 위해 철자 관습에 적응하는 것은 필요한 일이다.

그러나 모국어의 동의어를 가지고 외국어 단어를 듣는 것은 언어에 관한 서두의 성찰을 통해 살펴본 바와 같이 잘못된 길로 빠지는 것이다. 그러한 동의어는 그 등식의 요소들이 교환 가능하다는 것을 암시한다. 나아가 그것은 학생들이 그 단어의 뜻을 파악하는 것을 더욱 어렵게 만든다. 이 말이 역설적으로 들릴지도 모른다. 단순한 어휘 등식은 학생들이 충분히 정확하지 않은 무언가를 가지고 출발하게 하는 것이고, 학교를 다니는 동안 내내, 다시 말해 그 단어에 추가되는 뉘앙스의 의미가 나타날 때마다 계속해서 교정되어야 한다. 첫 번째의 고정되어 있고 자주 부정확한 의미가 의미의 확장을 가로막고 그 단어의 '성장'을 방해한다. 어휘 등식은 또한 단일 단어로 이루어지기 때문에 그것을 문맥 속에서 정확하게 사용하는 기술이 주어지지 않는 일이 아주 많다. 물론 외국어라는 영역 안에서 매주 학생들이 보내는 시간이 적기 때문에 우리는 이러한 통찰을 엄격히 따르지는 않는다. 예컨대 전치사, 관사, 관계대명사 같은 구조어(structure word)가 그러한 예외들이다.

글쓰기를 하며 단어를 기록할 때에는 그 단어를 기억 속에 담아두는 것을 더 쉽게 만들어줄 수 있는 형식 또한 찾아야 한다. 학생들이 어휘를 배울 때 개별 단어들을 의미나 내용 면에서 어떤 문맥 속에 놓으면서도 특히 묶음 연상을 제공하는 분류법을 사용할 수 있다면, 그것은 틀림없이 도움이 된다. 그러한 묶음들은 단어가 서로서로 기억을 돕는 구실을 할 수 있게 해준다. 이러한 분류법의 일부는 이미 3장에서 언급했다. 같은 계열의 단어(즉 같은 어간을 갖는 단어: to depend, independent, independence, dependable), 반대말 쌍(hard, soft), 전체와 부분(tree: trunk(몸통), roots(뿌리), bark(껍질), branch(가지), twig(잔가지), leaves(잎)), 주제와 관련된 단어들(relations(관계), time periods(시대), transport(운송), waterways(수로)), 단어 구성의 유형(예컨대 특정 접두사나 접미사를 통한 단어 변화), 또는 반대의 의미(sell/buy, borrow/lend) 등이 그것이다.

이러한 분류법 이외에도 개별 단어를 배우는 것에 대한 루돌프 슈타이너의 말에서 얻을 수 있는 아주 큰 도움 또한 언급할 만하다. 최초의 발도르프 학교에서 어떤 교사와 대화하는 가운데, 그는 외국어 교사는 학생들에게 개별 단어가 아닌 작은 문장들을 익히도록 해야 한다고 조언했다. 이러한 제안은 큰 성과를 낳았는데, 학생들이 그 단어의 한 가지 면의 정확한 의미를 배울 수 있고, 그 단어를 나중에 다시 찾아볼 때에도 자연스러운 문맥 속에서 볼 수 있기 때문이다. 이러한 과정은 기억을 하는 데에도 도움이 되는데, 단어 그 자체보다는 문맥 속에 있는 단어를 기억하는 것이 더욱 쉽기 때문이다. 또한 이 문장이 어떤 이야기의 맥락 속에 나타났던 시간에 생겨났던 느낌을 더 쉽게 불러일으키기도 한다. 문장은 모국어로 하는 번역도 가능하게 하는데, 개별 단어들에 비해 문장은 특정한 사고를 표현하기 때문이다. 이렇게 하면 모국어의 동의어를 찾는 것이 완전히 가능해지고 논리적으로 된다.

어휘 작업의 대강의 틀을 마무리하면서 한 가지 면을 더 언급한다. 어휘력 쌓기를 위한 계획에 포함하는 학습 보조물이 중요한 만큼이나 또 한 가지 사실을 고려해야 한다. 즉, 배워야 하는 것으로 학생들이 교사에 의해 정교하게 제공된 단어의 사용법만을 안다면, 학생들의 어휘력은 매우 작아지게 된다는 사실이 그것이다. 행복하게도, 수업이 이루어지는 여러 해 동안 그 밖의 어휘를 의도하지 않았는데도 학생들이 그것을 이해하거나 점차로 습득하게 되는 일이 다소일어날 수도 있다. 학생들이 말하고 쓰는 것들의 일부를 설명할 다른 방법은 없다. 따라서 발도르프 학교의 외국어 수업에서는 교사가 학생들에게 이미 친숙한 단어들을 사용하는 것뿐만 아니라 언제나 그 외국어의 더 많은 부분을 제공하는 것 또한 엄청나게 쓸모 있고 생산적이기도 하다.

외국에서 사는 사람들이 그 나라의 언어를 습득해나가는 방법은 어휘 작업을 구성하는 데 도움이 되는 안내로서앞에서 다루었다. 이러한 종류의 습득은 지적 능력에 의존하지 않는다는 사실을 연구자들이 규명했다. 이것은 주로다른 무언가가, 다시 말해 학습자의 정서적 힘에 영향을 끼치는 계기의 다양함이 성공을 결정하기 때문이다. 따라서 학교에서 어휘력을 쌓는 작업은 요구되는 영혼의 힘이 더 다양할수록, 능력이 더 나은 학생과 덜한 학생 모두에게 더욱더 생산적으로 될 것이다.

06

어떻게,
그리고 왜 학생들은
문법을 배울까?

문법을 가르칠 때 다음 다섯 가지 경험이 고려해야 할 것
들의 출발점으로서 도움이 될 수 있다.

1. 특정한 상황 덕분에 (오랜 해외 체류, 또는 두 가지 언어를 쓰는 가
   정의 경우 등등) 많은 사람들이 문법 규칙을 암기하기는커녕 규
   칙을 발견하지 않고도 외국어를 배웠다.

2. 외국어를 가르치는 작업이 종종 보여주는 사실은 규칙에 관한
   지식이 그 규칙을 사용하여 자연스럽게 반응하는 학생들의 능
   력을 더해주지는 않는다는 점이다.

3. 상급 학년 학생들에게 주어진 문장 속의 오류를 찾아서 고치고
   어떤 규칙이 파괴되었는지 설명해보라고 하면, 우리는 곧 흥미

로운 현상을 발견하게 된다. 학생들 대부분이 오류를 찾고 적절히 고치지만, 규칙을 찾지 못하거나 잘못된 규칙을 찾는다.

4. 학생들이 몇 년 전에 공부한 문법 규칙을 복습할 때, 현재 다시 그것을 공식으로 정리하는 방식이 그 당시 수업에서 문법 노트에 적어둔 것과 상당히 다른 경우가 많다.

5. 수업에서 아직 특별히 다루지 않은 정확한 방식으로 학생들이 문법 규칙을 사용하는 것은 외국어 수업에서 자주 경험하는 일이다.

이 점들을 통해 볼 때, 언어 습득과 언어 구조를 의식하는 것 사이에는 연관성이 거의 없다는 결론을 내릴 수 있다. 어떤 규칙을 이해하는 것 자체는 즉각적인 의사소통에는 어떤 도움도 주지 못하고 숙달을 촉진하지도 않는다. 학생들은 자신들의 언어 사용을 통제하는 내적 규칙의 대부분을 명백하게 공식화된 문법 규칙으로 의식하지 못하고, 많은 경우에 그중 일부 규칙은 전혀 의식하지 못한다. 학생들은 배우는 문법에, 즉 교사가 적어준 규칙에 개인적으로 적응하고, 그래서 배우는 문법과 함께 '경험의 문법'이 발전한다. 모든 문법 현상을 의식하게 하는 것은 필요해 보이지 않는

데, 많은 응용 규칙은 어학 지식이라는 우회로를 통하지 않고 흡수되기 때문이다.

우리가 이러한 기정사실을 받아들인다면, 외국어 수업 시간에 도대체 왜 문법을 가르치는가라는 의문에, 그리고 (문법과 연관된) 실제 학습 과정이 수업을 통해 어떻게 도움을 받고 촉진될 수 있는가라는 의문에 직면하지 않을 수 없다. 상대적으로 짧은 수업 기간을 거친 뒤에 학생들이 교사와의 대화에서 정확한 문장을 말할 수 있기 때문에 학습 과정이 일어난다는 사실은 분명하기 때문이다.

학교에서 개별 과목을 가르치는 목적은 학생에게 특정 주제를 배우게 하는 것이 아니라는 점은 앞에서 이미 지적했다. 발도르프 교육의 목적은 주제의 도움을 받아 아이들의 발달을 뒷받침하는 것이다. 그래서 9세나 10세가 지난 아이들에게 자아의식을 일깨우도록 함으로써 자아의 느낌에 눈뜸을 강화하는 것이 중요하다. 이 나이가 될 때까지의 몇 년 동안 외국어 수업에서 아이들이 무의적으로 모방하면서 언어를, 그리고 그 규칙까지도 흡수해서 사용했다. 이제는 규칙이 있다는 사실을 발견해야 한다. 아이들에게 완성된 규칙이 제시만 된다면, 교육 효과가 없을 것이다. 학생들에게 이런 식으로 제시되는 일련의 규칙은 학생들의 '외부'에 남게 된다. 학생들은 그것을 인식해서 간직할 수 없을 것이고, 그러한 일련의 규칙은 학생들의 자아의식의 일부가 될 수 없을 것이다. 그러나 학생들이 스스로 규칙을 발견할 기회를 얻는다면, 자신의 활동을 통해 그 규칙을 흡수할 것이다. 이러한 방식으로 얻는 언어 지식은 외국어를 확실히 다룬다는 목표를 만들어준다. 나아가 스스로의 활동을 통해 내면화되는 독립적 작업은 성숙하지 못한 채 외부에서 부과되는 설명과는 다르게 계속해서 간직된다.

물론 이것은 하나의 이상이고, 이러한 독립적 활동이 수업에서 항상 성취되지는 않는다는 사실을 인정한다. 그러나 수업에서의 일상적 경험은 이런 종류의 예술적 교육을 시도하고 성취하는 도전이 되어야 한다. 문법 수업은 학생들 내부에서 그 원천을 찾는 방식의 배움의 촉발 동기가 되어야 한다. 외국어 수업에서 학생들은 문제의 해결책을 스스로 찾는 법을 배워야 한다. 의지의 활동을 학생들의 사고 속으로 옮기는 작업은 그들의 자아의 힘을 발달시키고 강화하는 것을 뜻한다. 루돌프 슈타이너는 이런 맥락에서, 아이들이 절망할 정도로 아무 종류의 논리적 기준도 갖지 못한 채 '이

건 어떻게 말해야 돼요, 저건 어떻게 말해야 돼요?'라고 묻는 자리에 놓여서는 안 된다고 말했다.[1] 논리적 기준을 갖는 것이란 자신이 말할 때 행동하는 것, 즉 자아의식 속에서 행동하는 것을 의식하고 있음을 뜻한다. 따라서 문법은 외국어 수업에서 '완전하게 발달된 언어 구조로 이미 존재하는 것을 의식 속으로 가져오는 것에 의해'[2] 다루어진다.

사고의 차원에서 또 다른 무언가가 이 활동과 연관되어 이루어진다. 루돌프 슈타이너는 문법을 가지고 하는 작업을 다른 언어들에 관한 느낌을 얻는 수단으로 보기도 한다.[3] 이처럼 동사, 형용사, 명사의 각각 다른 특질에 관한 수업에서 느낌이 발달될 수 있기 때문에, 듣기나 읽기를 통해 이렇게 서로 다른 품사를 받아들일 때 그것이 내게 어떻게 작용하는지를 느낄 수 있다. 예컨대 동사는 내가 그것을 외부에서 억누를지라도 내면에서는 나를 어떤 활동에 참여하게 만든다. 형용사는 어떤 대상과의 연결 고리를 만들어내고, 나는 그것과 함께한다. (9세에서 12세 사이에 실시되는) 말하기

---

1 슈타이너, 『영혼의 섭리(Soul Economy)』, 1922년 1월 3일 강연.
2 슈타이너, 『교육의 일신(The Renewal of Education)』, 1920년 5월 4일 강연, p.153.
3 슈타이너, 『교사 회의(Faculty Meetings)』 1권, 1922년 6월 22일의 모임, p.371.

수업에 적용되는 것은 (12세 이후에 배치되는) 문장구조 수업
에도, 그리고 시제 사용에 관한 수업에도 적용된다. 그렇다
면 나는 어떻게 영어 문장에서 주어, 동사, 목적어의 순서에
영향을 받을까? 영어로는 그 규칙이 'I will see him next
week.'라고 말하게 하는 반면에, 독일어로는 'Ich werde
ihn in der nächsten Woche sehen.'일 때, 언어가 내게 어
떤 영향을 미칠까?

　문체 문법의 감각을 습득하는 때가 된 상급 학년에서는,
학생들이 명사 문체(수동태)가 어떤 느낌을 주는지 접하게
된다. 이렇게 명사를 선호하는 특징은, 영어 화자가 비인격
적이고, 추상적이며, 동사에 의해 정신없이 휩쓸리지 않는
화자로 되는 방법이다. 외국어와 모국어를 비교하면 우리가
다른 언어의 규칙을 머리로도 알게 될 뿐만 아니라 느낄 수
도 있게 된다. 예컨대, 영어 'Are you busy?'에서처럼 그 말
이 일반적으로 전해지는 사람에게 초점이 맞춰지는 데 반
해, 독일어에서는 내가(I) 하는 일로 시작하여 'Störe ich?
(제가 방해되나요?)'라고 묻게 된다. 영어에서는 간접성이 특징
이어서, "I wonder whether you would be good enough
to ask your students to do this(직역하면 '저는 선생님께서

선생님 반 학생들에게 이 일을 해달라고 부탁할 만큼 친절을 베풀어주실지 궁금합니다.'가 됨 — 옮긴이)."묻는 반면에, 독일어에서는 더 직접적으로 다음과 같이 묻는다. 'Would you ask your students to do this?(선생님 반 학생들에게 이 일을 해달라고 부탁해주시겠어요?)'

문법 수업은 주로 그 언어의 실용적 구사 능력을 개선하도록 학생들을 이끄는 것이 아니라 어떤 교육적 목적을 지닌다는 점을 분명히 해야 한다. 요컨대 문법은 자라나는 젊은이들의 자아의식을 강화하도록 돕는다. 이와 함께 학생들은 특정 문법 현상의 느낌을 얻는다. 기본 문법 규칙의 공부가 마무리되고 문체 문법을 공부하기 시작하는 상급 학년에서는 배우고 있는 한 가지 문법 이상의 사고를 언어에 관하여 하게 된다. 언어의 느낌을 이해하고 발달시키는 것을 지향하는 이 문법 공부에서 성취되는 질의 수준은, 학생들이 그 규칙들을 접하게 되는 방식에 달려 있다. 이것은 실제 학습 과정이 어떻게 지원되고 촉진되는지에 관한 두 번째 의문을 불러일으킨다. 학생들 스스로 하는 활동을 통한 문법 규칙의 습득이, 즉 성공적 인지 과정을 위한 전제 조건이 어떻게 하면 쉽게 갖추어질 수 있을까?

앞에서 말했듯이 분명히 공식화된 규칙을 알지 않고도 사람들이 제2언어를 습득할 수 있는 것은 그때까지 의식되지 않은 문법구조의 '실용적 가치', 즉 그 구조의 적용 가능성과 효과와 주로 연관되어 있다. 그것에는 사람들이 스스로 발견하는 상황에 의해 촉발된 사고와 느낌과 직관적 이해가 포함된다. 사람들은 표정과 몸짓을 사용하고, 그 사용된 구조가 적절하게 기능하는 특정한 결정 요인을 가진 상황 속에서 행동한다. 이러한 상황을 반복해서 관찰하고 나면, 학습자들은 이러한 상황에서 이 구조를 점점 더 사용하기 시작한다. 좀 더 정확하게 말해서, 그들은 새로운 구조를 사용하면서 동시에 온몸을 쓴다. 학습자들이 이전에 보고 경험한 이러한 많은 언어 경험이 마침내 언어 습관으로, 그리고 언어 지식으로도 이어진다. 일단 학습되면 이 과정은 되돌려지지도 않고 축약될 수도 없다.

외국어 수업에서 문법을 가르치는 것은 이러한 선행 경험을 대신할 수 없다. 따라서 모든 영역에서 언어를 경험하는 것은 학생들이 문법구조를 다루는 자신감을 얻는 데에, 그리고 다른 한편으로는 자립적 학습 과정이 개시되는 데에도 필요하다. 자생적 언어 습득에서처럼 인지 과정은 말하기 행위의 지원을 받아야 하지만, 학습되는 구조 또한 친숙한 것이어야 한다. 지식과 인지는 이미 행해질 수 있는 것의 토대 위에서 발전되어야 한다.

이처럼 발화되는 것은 그전에 이미 들어보고 최소한 흉내를 내본 것이어야 한다. 구체적으로 말해서 이것은 무엇보다도 학생들이 상황을 제시받아야 한다는 것을 뜻한다. 그 상황은 사소한 것이겠지만, 학생들이 실제 생활의 상황에서 만나게 되는 형식으로 특정 언어 장치가 사용되는 경험을 시작할 수 있도록 고안되어야 한다. 교사는 그 문법 장치가 담긴 이야기나 연극이나 짧은 대화를 사용할 수 있다(아주 여러 해 동안 말하기 수업을 하고 나면 선택의 폭은 엄청나게 넓다). 학생들에게 친숙한 단어들을 선택하고, 선택된 문법 현상에 적합한 새로운 문맥 속에 그 단어들을 배치할 수도 있다.

예를 들어 수업이 시작되기 전에 한 6학년 학생이 교사로부터, 교사가 칠판에 글을 쓰기 시작하자마자 자리에서 일어나 앞으로 나와 교사의 가방을 열고 초코바 하나를 꺼내 포장을 벗겨 책상으로 돌아가면서 먹어도 좋다는 내용의 쪽지를 건네받는다. 5분 뒤에 수업이 시작되었고, 그 시간이 되었다. 친구들이 기절초풍하게도, 그 학생은 교사에게 허락

받은 대로 가방을 열고는 초콜릿을 베어 문다. 그때까지도 교사는 아무것도 몰랐던 사람처럼 행동하고는 외국어로 격노하는 시늉을 내며 말한다.

"What on earth did James do?(도대체 제임스가 무슨 짓을 한 거야?)"

긴장감이 조성된다. 이제 무슨 일이 일어날까?

"James ate your chocolate.(제임스가 선생님의 초콜릿을 먹었어요.)"

한 용감한 학생이 말한다. 교사가 묻는다.

"But what had he done before he ate it?(그런데 제임스가 초콜릿을 먹기 전에 무슨 짓을 한 거야?)"

아무 대답이 없다. 이제 교사가 상황이 진행되도록 도와야 한다.

"I guess, before he ate my chocolate he had opened my bag. What had he done?(내 짐작엔 내 초콜릿을 먹기 전에 제임스가 내 가방을 열었어. 제임스가 무슨 일을 한 거니?)"

한 학생에게 교사의 말을 반복해보라고 한다. 그다음 상황이 계속된다. 교사가 묻는다.

"And what had he done before he opened my

bag?(그럼 제임스가 내 가방을 열기 전에 무슨 짓을 했지?)"

역시 아무 대답이 없다. 그러자 교사가 말한다.

"Well, before he opened my bag, he had walked to my desk. What did he done?(자, 제임스가 내 가방을 열기 전에 내 책상으로 걸어왔어. 제임스가 무슨 짓을 한 거지?)"

대답과 기타 등등의 상황. 이제 제임스에게 어떻게 된 일이냐고 묻는다. 질문은 항상 "What had you done before…?(네가 …하기 전에 무슨 짓을 했니?)"이다. 그러고 나서 교사는 이 연습을 끝낸다. 겨우 6분이 흘렀을 뿐이다.

이것은 다음 영어 수업에서 계속된다. 다시 한번 학생 한 명이 두세 가지 행동이 포함된 어떤 일을 하라는 쪽지를 받는다. 교사가 도와주는 일이란 칠판에 'before'를 쓰는 것뿐이다. 그 행동을 묘사하는 첫 번째 시도는 실패하는데, 학생들이 단순 과거(simple past)를 생각해낼 수밖에 없기 때문이다. 상황이 진행되도록 교사가 조금씩 도움을 주면 처음으로 정확한 문장들이 나타나기 시작하고, 그 행동을 한 학생이 자신이 한 행동을 마지막에 다시 한번 요약한다. 세 번째 수업에서는 무언가 재미나는 일이 교사에게 '벌어질' 수도 있다. 학급에서 읽기 수업을 시작할 때 교사가 가방을 여는데, 읽기 자료를 꺼내는 것이 아니라 만화책을 꺼내서 무심코 그것을 펼친다. 이윽고 놀람의 탄성과 함께 교사는 가방으로 달려가서 잘못 꺼낸 책을 다시 집어넣고, 마침내 제대로 된 책을 꺼낸다. 학생들이 재밌어하는 동안, 단어 하나가 칠판 위에 나타난다. 'before'다. 학생들이 한숨 소리를 내지만, 이내 즐겁게 수업에 임한다. "Before you… you had…" 점점 '단순 과거'와 '과거완료(past perfect)' 사이의 대조, 영어와 다른 많은 언어들 사이에 아주 명확하게 차이가 나타나는 이 두 시제가 학생들의 마음속에 스며들기 시작한다. 이 원리는, 상황과 관련된 표현은 모방의 표현으로 이어지고, 이것은 다시 연습을 통해 다른 상황으로 옮겨질 수도 있다는 의미이다. 마침내 학생들은 반복되는 특징들을 어떤 것이든 분간할 수 있는지 질문을 받는다.

아주 많은 문법 현상을 (특히 영어를 외국어로 가르친다면), 그 현상을 감각으로 느낄 수 있게 해주는 방식으로 교실에서 상황을 통해 접하게 할 수 있다. 그 과정에서 학생들이 더 능동적으로 될수록, 그리고 말하기를 온몸의 운동 기능과 더 많이 결합할수록 더욱 좋다. 뿐만 아니라 그 활동이 재미나기까지 할 수 있다면, 잘못될 수 있는 것은 매우 적다.

그런데 그다음에는 무얼 할까? 일련의 수업의 끝에서 인지 과정이 마무리에 이르면 하나의 규칙이 학생들의 문법 노트에 적혀야 한다. 그런데 하나의 규칙이 형식 문법의 정확한 용어로 공식화되는 것이 우리가 바라는 일일까? 하나의 규칙이 외국어로 표현되는 것이 우리가 바라는 일일까? 물론 아니다. 이 문법구조를 가장 빈번히 사용하는 법을 고려하는 단순화된 규칙이 우리가 바라는 바일까? 아마도 그럴 것이다. 우리는 단순한 사용 방법을 원하는 걸까? 그렇다. 때로는 운이 좋게도 교사가 적합한 공식화를 할 필요도 없는데, 동료 학생들이 쉽게 이해한 단어들의 핵심을 표현하면서도 의문시되는 문법 현상을 잘못 해석하지 않는 설명을, 한 학생이 이미 해주었기 때문이다. 때로는 실마리를 던져주기 위해 교사가 한 문장의 첫 몇 단어를 주기만 해도 된다. 일단 이렇게만 해주면 표제어가 만들어질 수 있는데, 이것은 조심하라는 뜻으로 칠판에 분명히 써주기도 해야 한다.

보통 인쇄된 문법의 형태로 제공되는 예문은 피해야 하는데, 학생들이 그 규칙을 암기하고 그다음 수업에서 그것을 발표한 뒤에 예문을 스스로 찾아야 하기 때문이다. 이렇게 함으로써 학생들은 마음속으로 추상적인 것(규칙)을 실제(예)와 끊임없이 결합한다. 이것은 아주 높은 수준의 활동을 뜻하고, 학생들은 자신의 활동과 동료 학생들의 행동을 논리적으로 따를 수 있다. 즉, 그들은 자아의식 속에서 행동한다. 루돌프 슈타이너는 이렇게 말했다.

여러분이 단지 문법 규칙 위에서 학생들에게 질문하고, 여러분이 불러준 예문을 적은 노트를 보며 아이들이 반복해서 말하게 하는 것과, 학생들이 잊어버릴 만한 예문을 만들어주어서 학생들에게 스스로 예문을 찾아보라고 하는 것은 아주 다릅니다. 이 후자의 활동이 교육적인 것입니다.[4]

예문을 줄 때에는 그 문법 규칙을 파악하는 다음 단계에 이미 가 있는 셈이다. 이제는 주의 깊게 계획된 연습에서 확인한 규칙을 사용하는 것이 문제다. 학생들은 이렇게 해서 요약된 형태의 문법 자료를 갖게 된다. 그러나 위에서 언급

---

4   슈타이너, 『교사들에게 주는 실용적 조언(Practical Advice to Teachers)』, 1919년 8월 30일 강연, p.125.

한 예문은 그다음 단계를 가리킬 뿐만 아니라 지금 수행되어야 하는 연습의 종류를 가리키기도 한다. 학생들에게 스스로 예문을 만드는 자유가 허용되어야 한다. 이에 반해 빈칸을 채우고 특정 단어들을 올바른 시제로 만들어야 하는 지문, 다지 선다형의 질문이나 한 지문을 기계적으로 (능동태를 수동태로, 직접화법을 간접화법으로 등등) 바꾸는 연습은 이러한 창의적 자유를 제공하지 않는다. 이런 것들은 학생들이 외국어와 상호작용하는 것을 제약하는데, 학생들의 응답을 한 가지 선택으로 제약하기 때문이다. 그런데 이 한 가지 선택은 살아 있는 언어를, 그것과 완전히 이질적인 방식의 기계적인 것으로 만든다.

그래서 또한 그렇게 형식적인 연습은 학생들에게서 불만과 반감을 불러일으키며, 그 이유만으로도 수업에서 사라져야 한다. 어쨌든 이러한 연습은 개개인에게 맞추어 상상력을 자극하는 연습에 비해 학습 효과와 동기부여라는 면 모두에서 성공할 가능성이 없다. 중급 학년 학생들은 후자의 방식으로 수동태를 연습하기 위해, 아기였을 때 누구나 겪는 일을 (즉, 'I was carried through the house by my brother, I was fed by my mother,' 등등) 훨씬 더 재미나게 이야기한다.

마찬가지로 9학년 학생들은 스스로 만들어낸 수수께끼로 법 조동사를 연습한 내 경험을 더 재미있다고 생각할 것이다. 즉,

"You mustn't eat it. You should put it into your mouth every day. You shouldn't forget it when you go on holiday. You needn't use it more than three times a day. You can find it in every bathroom. You might regret one day that you didn't use it regularly when you were still on the right side of 50.(너는 그것을 먹어서는 안 된다. 너는 그것을 날마다 네 입속에 넣어야 한다. 너는 휴가를 갈 때 그것을 잊지 말아야 한다. 너는 그것을 하루에 세 번 이상 사용할 필요는 없다. 너는 그것을 모든 욕실에서 볼 수 있다. 아직 나이가 50이 안 되었을 때 너는 그것을 규칙적으로 사용하지 않은 것을 후회할지도 모른다.)" (그렇다. 칫솔이다.)

위에서 설명한 방식만큼 문법 규칙이 아주 조심스럽게 습득된다 할지라도, 위에서 설명한 연습에서 실수가 완전히 나타나지 않는다면 그것은 놀라운 일이다. 상황을 매개로 고안된 접근 방법, 즉 첫 번째 단계가 선택된 문법 현상

을 자연스럽게 사용하는 데에 여전히 도움이 되었을 수도 있다. 규칙을 스스로 발견하는 것, 이미 획득된 지식이, 앞에서 말한 바와 같이 관련된 문법구조를 실제로 습득하는 것에 이렇다 할 영향을 미치지는 못한다. 제2언어의 자연스러운 습득 과정에서 저절로 생기는 끊임없는 경험이 수업에서 되살아나야 한다. 이것은 '실습'을 통해 이루어질 수 있다. 그럼에도 교사가 초기의 연습 뒤에 인내심을 잃는다면 그것은 (어휘 쌓기에 관해 앞서 설명한 바와 마찬가지로) 문법 수업에서의 습득 과정에 중대한 지장을 줄 것이다. 문법구조의 사용에서 자신감을 얻는다 할지라도 문법은 그 규칙이 인식된 뒤에, 연습이나 시험에서 완벽한 결과를 기대하는 데 비례하여 분할되어 제공되고 나서 행복하게 처리 완료 체크를 할 수 있는 것이 아니다. 문법의 습득 과정은 그보다 훨씬 더 긴 시간이 걸리는데, 이것이 그 문법에 '완전히 잠길' 때까지 지루한 연습을 계속해서 해야 한다는 것을 뜻하지는 않는다. 무엇보다도 이것은 휴식기와 규칙적 반복이 필요하다. 그 습득 과정이 휴식기 동안 멈추게 되지는 않기 때문이다. 그와 반대로 그것은 끊임없이 '작동하는(working)' 것이다. 달리 말해서, 규칙에 관한 지식은 내면에서 계속 반복되어 구성된다. 새로운 문법 현상이 이미 익숙한 형식들의 문맥 속에 놓여 반복해서 작동하는 것이다.

이 익숙한 형식들은 일종의 호르몬 주사를 맞는데, 추가되는 새로운 형식을 배우는 것은 이미 작동해온 것과의 대조를 만들어내기 때문이다. 달리 말하자면 우리가 '기능성'이라고 말할 수도 있는 개별 시제의 범위가 학습자에게 분명해지는 것은, 가장 중요한 시제들이 학습자에게 전달되었을 때뿐이기 때문이다. 앞에서 '내면에 안착시키기(bedding in)'라고 묘사한 이 과정이 모든 문법 현상에 적용된다. 따라서 교사의 기술은 학생들이 어떤 문법구조를 안심하고 사용하지 (이것은 용기가 필요한 과정이다) 못한다 할지라도, 집중 수업 기간 뒤에 그때까지 계속해서 공부해온 그 구조를 쉬게 해주는 데 있다. 다른 한편으로 교사의 기술은, (이상적으로라면) 여러 해 동안 공부해온 구조를 적어도 1년 동안 규칙적으로 반복하는 데에 있다. 루돌프 슈타이너는 이런 종류의 반복을 '진전하는 반복'이라고 부른다.[5] 휴식기에 그

---

5   슈타이너, 『교사들에게 주는 실용적 조언(Practical Advice to Teachers)』, 1919년 8월 27일 강
     연, p.86.

상황이 잊히기는커녕 멈추지도 않는다. 그와는 반대로 휴식기는 부화 기간과 비교될 수 있다. 최초의 언급 이후의 석 달, 그러고 나서 아홉 달, 그다음에는 어쩌면 열두 달까지 반복하는 것은 똑같은 수준이 아니라 매번 더 높은 수준에서 출발하고, 학생들은 관련된 구조를 다루는 데 점점 더 자신감을 갖게 된다. 이렇게 진전하는 반복이 의도한 대로 이루어진다면, 마침내 학생들은 그 규칙을 정확하게 사용하기를 자신들에게 기대하는 참을성 없는 교사를 대하는 불안한 상황 속으로 들어가지 않을 것이다.

우리가 이제까지 가리켜온 방법에 관한 결론을 짓기 위해서는, 위에서 언급한 연습 단계에 뒤이어 문법 규칙을 일단 노트에 적고 나면 이제는 문법구조에 관한 작업이 언어를 무의식적으로 사용하는 것으로 돌아간다는 사실을 덧붙여야 한다. 이때 초점은 집중된 형태로 습득된 구조에 더는 놓이지 않고 학생은 언어를 그 전체 속에서 보는 것으로 돌아간다.

우리는 학생들이 위에서 설명한 방법대로 공부해본 적이 없는 규칙을 말하기에서 사용한다는 사실 또한 이미 주목했다. 이것은 교사가 의도해서 소개한 적이 없는 단어들을 사용하는 것과 마찬가지의 방식으로 설명될 수 있다. 발도르프 학교에서 아주 많이 강조되는 것으로서, 수업 시간 동안 외국어로만 말하기, 그리고 반복해서 말하기를 통한 외국어 속으로의 몰입이라는 원리는 언급할 거리가 끊임없이 만들어지는 계속적인 능동적, 수동적 만남과 경험으로 이어진다. 교실 안에서의 인위적 상황이라 할지라도, 이것은 자연스러운 제2언어 습득에서 생길 수 있는 것과 같은 과정을 촉발한다. 언어는 이러한 과정에서 무의식적으로 습득된다. 학생과 교사 모두가 이러한 현상을 기반으로 삼을 수 있다. 그러나 교사는 이것을 능동적으로 사용할 수도 있다. 이것은 예컨대, 불규칙동사의 리드미컬한 사용을 통해 정기적으로 반복해서 부가 의문문을 일제히 암송함으로써 (⋯isn't it?, ⋯doesn't he? 등등), 또는 가장 빈번히 사용하는 전치사를 상황에 맞게 써봄으로써 가능하다.

문법 규칙에 관한 작업에서 추구하는 길은 모든 풍요로움을 담고 있는 살아 있는 언어에 그 원천이 있다. 그러고 나서 한 가지 현상이 분리되고, 학생들은 그것을 제시된 상황 속에서 다발의 형태로 만난다. 그와 동시에 학생들은 언어를 하나의 전체로서 놓아준다. 머리와 가슴과 손뿐만 아니라 유머 또한 간과되지 않는 모방과 실습을 통해, 학생들이 직관적 이해와 최초의 통찰뿐만 아니라 단어의 유형이나 특정 문장구조의 느낌을 얻는 것이 더 쉬워진다. 이렇게 하고 나면 가능한 최대한의 정도로 학생들 스스로 관찰하고 사고함으로써 규칙을 스스로 발견하게 된다. 그러고는 그 길을 다시 따라간다. 이제는 친숙해진 문법 현상이 여전히 분리되어 나타나는 연습이 이어진다. 마지막으로, 학생들은 그 언어 자체인 전체 공간 속으로 다시 놓여난다.[6]

12년 전체의 외국어 수업을 들여다보면 우리는 이와 똑같은 기간을 발견할 수 있다. 저학년에서는 사고를 분리시키지 않은 채로 그 언어의 풍요로움 전체에 수업이 의지한다. 중급 학년에서는 추상화가 발생하고, 의식(awareness)이 만들어지며, 인지 과정이 뒷받침을 받는다. 상급 학년에서는 개별화된 문법 연습과 문체 관찰에 의해 수업이 자유로운 말하기 활동으로, 그 언어의 풍요로움으로 되돌아간다.

---

6   알랭 뎅장(Alain Denjean), 『외국어 문법 수업 입문(Zum fremdsprachen Grammatikunterricht der Waldorfschule)』, (Freies Stuttgart: Geistesleben, 2000)에 훨씬 더 상세한 설명이 있다.

07

일반적 읽을거리에서
문학 텍스트로

앞서 보았듯이 외국어 단어, 그리고 작은 문장 단위와 문법구조를 능동적으로 정확하게 사용하는 것은 학습자가 언어를 풍부하게 제공받는다는 점을 전제 조건으로 한다. 학습자는 그 외국어 속에서 헤엄칠 수 있어야 한다. 그런데 헤엄을 칠 수 있기 위해 얼마나 많은 물이 필요한지를 고려한다면, 학습자가 외국어의 아주 작은 단위들을 자신감 있게 사용할 수 있기 위해 만났어야 했던 어휘와 구조의 양에 관해 어느 정도 파악할 수 있다. 이런 의미에서 중급 학년에서의 읽기 자료와 상급 학년에서의 문학 텍스트는 외국어의 풍요로움을, 그리고 그 삶의 세계를 어느 정도 학생들에게 소개할 수 있다. 분명히 그 텍스트의 질이 이 점에서 중요한 구실을 하는데, 몇몇 단어들을 자신감 있게 사용하도록 해주는 것은 똑같은 단어가 반복해서 나오는 것이 아니라 폭넓은 영역의 동사, 형용사, 부사 등등이기 때문이다. 이것이 바로 4학년이나 5학년 시기에 처음으로 작은 독본을 읽기 시작할 때 그 텍스트의 예술적 요소가 아주 중요한 선택 기준인 이유이다.

이런 방식으로 실용적 언어 습득에 도움이 되는 것과 별개로, 일반적 읽기 자료와 특별한 문학 텍스트는 외국 문화에 접근하는 데 최상의 매개이다. 저학년 때 불리고 암송되는 노래나 시와 마찬가지로, 이 자료들은 다른 언어를 쓰는 민족들에게 특유한 세계를 직접 느끼고, 지각하고, 이해할 수 있게 도와준다. 가브리엘 가르시아 마르케스의 작품을 읽을 때의 경이로움은, 예컨대 그가 귄터 그라스보다 문체 기술의 사용법을 더 잘 알고 있기 때문이 아니라, 아주 근본적으로는 콜롬비아의 문화사에 의해 결정되는바 긴 이야기를 지어내는 그의 솜씨가 독일 소설가와는 완전히 다르기 때문이다.

외국어 수업에서 '읽기'에 이렇게 많은 자리를 주는 세 번째 이유는, 그것이 자라나는 사람에게 영혼과 발전을 위한 양식을 주는 기회라는 데에 있다. 과장이 불가능할 만큼 그 중요성은 크다. 단 몇 분 동안일지라도 다른 사람들의 운명을 공유하는 것, 다시 말해 그들의 시각으로, 그리고 그들의 느낌을 갖고 그 세계를 보는 것, 그들의 삶으로부터 그들이 취해야 하는 결정에 참여하는 것, 그들에 관해 분노하는 것, 그들에게 거부당한다고 느끼는 것, 그들을 본보기로 받아들이는 것, 그들의 염려를 공유하는 것, 이 모든 것들이 우리 자신의 내부 지향적이고 소심하며 제한된 느낌과 사고를 연마하고, 형성하고, 발전시키기도 하고, 해방하기도 한다. 성장하는 아이가 감동을 받는다면 5학년 때 민담을 읽는 것은 12학년 때 읽는 현대의 명작과 똑같은 활력을 생기게 할 수 있다. 두 가지 모두가 인간의 기억, 감각적 지성, 행동과 저항을 위한 지침, 자기 이해의 길을 보여줄 수 있다.

읽기 자료와 문학 텍스트를 사용하는 네 번째 이유는 다시 한번 아주 실용적인 것이라는 점이다. 서로 다르거나 심지어 모순되는 면들, 즉 통일성 속에서 그 유명한 다양성을 결합한 예술적 텍스트의 성격이 토론을 위한 다양한 출발점을 제공한다. 외국어 교사는 학생들에게 적합한 이야기 이상의 훌륭한 수업 자료를 가질 수 없다. 교사에 의해 학생들에게 전달되는 어떤 일상의 상황도, 상급 학년에서의 어떤 논픽션 텍스트도, 어떤 교육적 놀이도 교사와 학생들에게 외국어 수업에서 가장 중요한 것, 즉 교사와 학생 사이의 대화에 아주 적합한 자료를 주지 못한다. '회화(conversation)'는 이 맥락에서 아주 좁게 정의된다. 즉, (교훈적 질문의 경우에서처럼) 질문자가 이미 대답을 아는 것이 아니고, 교사가 (학생의 언어를 교정하면서) 그 언어에 특별히 반응하는 것이 아니라, 실제 회화에서처럼 그 내용을 주목하면서 이루어지는 사람들 사이의 진정한 회화가 바로 그것이다. 이러한 회화가 몇 해에 걸쳐 발전되어야 한다는 점은 분명하다. 그러나 이것이 상급 학년에서만 성취될 수 있다고 생각하는 것은 학생들의 언어 습득에 상당히 해가 되는 오류이다.

이삼십 년 전이었다면, 문학 텍스트를 외국어 수업의 핵심 부분을 생각하는 다섯 번째 이유는 주류 교육에서 진지하게 가져왔을 것이다. 그러나 세기가 바뀌면서 모든 언어 과목에서 성장하는 아이와 젊은이들에게 읽기의 기쁨을 일깨워주어야 할 필요를 느끼게 되었다. 많은 사람들이 읽기를 아주 고된 일로 본다. 눈으로 한 줄 한 줄 훑어보고, 글자들을 단어로 결합하고, 문장 속에 포함된 단어들을 찾고 나서, 문학 텍스트의 경우에 다른 무엇보다도 그것을 문자 그대로가 아니라 비유적 의미로 이해하는 것은, 광고물보다 훨씬 더 많은 주의를 요하지 않는 이미지와 삽화와 작은 텍스트 단위를 흡수하는 것보다 훨씬 더 어렵다. 성장하는 아이와 젊은이들에게 읽는 즐거움을 일깨우는 것, 학교를 졸업한 뒤에도 스스로 문학과 외국어를 익힐 정도의 수준까지 올려놓는 것이 아주 큰 도전 과제가 되었다.

위에서 제시한 이유들이 효과를 발휘하기 위해서는 아이의 마음속에서 이야기가 불꽃을 일으켜야 한다. 전설, 민담, 자서전이나 단편소설, 그리고 그것들에 관해 무언가를 말하는 것에는 즐거움과 기대감과 흥미가 요구된다. 이러한 태도가 우리로 하여금 그 이야기의 이미지와 사건들을 받아들이게 할 뿐만 아니라 이미 가지고 있는 어휘의 범위와 무관하게 그 이야기를 이해할 수 있도록 막대한 도움을 주기도 한다. 나는 내가 사랑하는 것, 나아가 내가 듣고 이해하기를 원하는 것을 더욱 쉽게 배운다. 손에 땀을 쥐게 할 정도의 몸짓, 얼굴 표정, 다양한 목소리, 잠시 동안의 휴지가 동반되는 등의 눈을 떼지 못하게 하는 방식으로 선택한 이야기의 첫 페이지를 들려주는 것은 학습자들이 개별 단어를 이해하려 하지 않게 하고, 개별 단어들은 흩어져서, 서로 비슷한 의식적 번역의 시도에 의해서가 아니라 직접적 감정, 느낌, 분위기에 의해 이해가 이루어지는 상황을 만들어 의미 단위들을 듣게끔 유도하는 방법 가운데 한 가지이다. 학부모들이 아이에게 그 텍스트를 완전히 이해했는지 묻는 것은 이해할 만한 일이다. 만일 아이에게 개별 단어들을 해석해 보라고 한다면, 그 결과는 중급 학년 학생의 부모들에게는 실망스러울 터인데, 이 경우에 학생들은 교사가 보여주는 것에 의해 만들어지는 이해의 기초는 아직 지니고 있지 않기 때문이다.

호기심, 기대감, 즉 내면의 참여는 7학년 학생들에게 이야기의 제목을 읽게 하여 그러한 제목에 걸맞은 플롯을 만들어보라고 격려함으로써 발생할 수도 있다. 이 일은 모국어의 도움을 받아 이루어질 수도 있는데, 되도록 재미있게 이루어져야 하는 것은, 최대한 재미난 방식으로 텍스트에 몰입하여 그것을 언어로써 지배하는 작업의 시작일 뿐이기 때문이다. 나중에 그 저자, 즉 '전문가'가 제목을 가지고 한 일을 발견하는 것은 많은 중급 학년 학생들의 호기심에 불을 붙이는 단계이다.

인정하건대, 교사로서 우리가 이러한 흥미를 유지하는 기술을 항상 가질 수는 없다. 그러나 내면의 참여는 (외국어로 된) 텍스트에 관해 이해하고 말하는 데에 아주 큰 도움을 주므로, 일체의 상상력이 여기서 사용되어야 한다. 학생들의 배움에 가장 나쁜 상태인 '지루함'으로 이끌 수 있는 것을 교사가 의식하는 것만으로도 이미 도움이 된다. 루돌프 슈타이너는 이러한 상태에 관해 이렇게 말했다.

> 머리가 해야 하는 일과 가슴에서 우러나는 정서가 동떨어져 있는 것보다, 개인의 존재 전체에 더 나쁜 영향을 끼치는 것은 아무것도 없습니다.[1]

그가 이 말을 하게 된 근거는 지루함이 생명체에 초래하는 엄청난 쇠약에 근거를 둔다는 점이다. 지루함이 교육에 해를 끼친다면 외국어 습득에도 극히 방해가 된다. 지루함은 학생들을 침묵시키고 학생들의 노력을 다른 곳으로, 대개는 지장을 주는 문제로 돌리게 만든다.

---

1   슈타이너, 「소심증은 어떻게 치유할까(How to Cure Nervousness)」, 1912년 1월 11일 강연.

중급 학년 외국어 수업에서 읽기는 언어 습득과 함께 그 세계에 관해 말하는 내용의 힘을 더해준다. 읽기는 학습 능력이 좋은 학생과 약한 학생 모두에게 배우고자 하는 동기를 부여하고, 내면에 원천을 두는 학습 과정으로 안내한다. 선택된 이야기가 학습을 이끌고, 유지하고, 풍요롭게 해준다고 할 수 있다. 이렇게 읽기가 발전하기 위해서는 개성과 독창성, 흥미와 기쁨이 학생들의 행동 속에 흘러 들어가는 방식으로 수업이 조직되어야 한다. 이렇게 하면 빨리 배우는 학생과 느리게 배우는 학생 모두가 읽기를 잘 해내고 언어 구사 능력을 증대하는 것이 한결 쉬워진다. 그렇다면 이렇게 할 수 있는 가장 좋은 방법은 무엇일까?

말하기, 글쓰기, 읽기, 그리고 이야기 즐기기는 인간의 모든 성장 단계에서, 즉 원시 문화의 신화나 성경의 우화에서 오늘날의 단편소설과 장편소설에 이르기까지 모두 볼 수 있는 타고난 능력이다. '이제까지 무슨 일이 벌어졌고, 다음에는 무슨 일이 일어날까?' 이 의문이 읽기나 듣기의 과정을 이끈다. 한자리에서 너무 오랫동안 머뭇거림으로써, 반복해서 읽기와 계속해서 앞으로 돌아가는 질문을 함으로써 이야기에 끼어들고 이야기를 방해하는 것은 이야기의 본질과 모순된다. 이런 면에서 볼 때, 학생들이 읽기를 좋아한다는 점을 고려하여 중급 학년에서는 책을 빠른 속도로 읽는 것을 권할 만하다. 학생들이 주된 줄거리를 이해한다면 교사는 만족해야 하고, 과도하게 읽기 연습을 고집하여 읽는 과정을 중단시키거나 지루한 분위기가 자리 잡게 해서는 안 된다.

모든 이야기는 핵심이 되는 행동이 나오는 지점에서 멈출 것을 요하지만, 그때는 흥미가 사라질 위험성을 재치 있는 질문으로 상쇄해야 한다. 먼저 표현력을 발휘하여 이야기를 들려주어 분위기를 만드는 작업이 전제가 되고 텍스트의 기본적 이해가 확실히 되면 교훈적 질문은 필요치 않다. 오히려 토론에 참여하고자 하는 의지는 (물론 외국어로 하는) 다음과 같은 실제 질문을 통해 일깨워진다.

"What did you not understand about what X does? What do you think X did right or wrong? What would you have done? What would you do now? Why does X do that? Why does X not act differently? What do you imagine that X's house looks like?"

("X가 하는 행동에 관해 이해하지 못하는 게 뭐죠? X가 옳았다고 생각해요, 아니면 잘못했다고 생각해요? 여러분이라면 어떻게 했겠어요? 지금 여러분이라면 어떻게 하겠습니까? 왜 X가 그렇게 할까요? 왜 X가 다르게 행동하지 않을까요? 여러분은 X의 집이 어떻게 생겼을 거라고 상상하나요?")

또 하나의 방법은 때때로 읽기를 역할 놀이의 대화로 제한하는 것이다. 여기서는 맡은 행동을 해보아야 한다.

"How might X be speaking now? Loudly, quietly, is he perhaps whispering? Is X speaking reproachfully, encouragingly, in a friendly or angry way?"

("X는 지금 어떻게 말하는 걸까요? 시끄럽게? 조용하게? X는 아마도 속삭이는 게 아닐까요? 친절하게 격려하듯이 말하고 있나요, 아니면 성내며 나무라듯이 말하고 있나요?")

학생들과 교사는 그 이야기에 관한 주장을 하고, 주장한 것이 맞는지 틀린지, 누가 그것을 올바른 방식으로 말할 수 있는지 물을 수 있다. 또는 다음과 같이 물을 수도 있다.

"Who can manage to retell the ten lines we have just read with the book closed? (Or) Who could even retell the section in the first person not from the perspective of the narrator but the character Y? (Or) Who can ask a question about the content?"

("우리가 방금 읽은 열 줄을 누군가가 책을 덮은 채 다시 들려줄 수 있을까요? (또는) 누가 이 부분을 서술자가 아닌 인물 Y의 시점에서 1인칭으로 다시 들려줄 수 있을까요? (또는) 누가 내용에 관한 질문을 하나 할 수 있을까요?")

학생들이 앉은 순서를 잠시 동안 바꾸고, 원형으로 앉아서 모든 사람이 타인 전부를 직접 볼 수 있게 하는 것이 학생들의 토론에 도움이 될 수도 있다.

완전히 중단해서는 안 되는 읽기 연습을 덜 단조롭게 하기 위해서는, 예컨대 5학년 수업에서는 세 번째 단어마다 계속해서 큰 소리로 읽게 하거나, 교사가 신호를 보내면 읽는 학생이 문장 중간에서 가끔씩 변화를 주거나, 학생들이 동료 학생이 하는 발음이나 내용 변경의 아주 작은 의도적 오류를 찾아내도록 지도하거나, 한 학생이 다음 수업 시간에 두세 학생들에게 두세 쪽의 텍스트를 나누어주게 하게 하되, 어떤 순서로 누가 그 텍스트를 읽을지는 그 한 학생만 알게 하는 방법 등을 쓸 수 있다. 경험을 통해 보자면, 새로운 첫 부분을 처음으로 소리 내어 읽는 사람이 교사가 아니라 유창하게 읽을 수 있는 학생일 때, 그리고 교사만 고쳐주는 것이 아니라 다른 학생들에게도 읽기의 오류를 찾아달라고 해서 그것을 고치게 할 때 읽기에 참여하고자 하는 의지가 더욱 커진다. 어려운 지문을 읽으며 꽤 많은 시간을 보내야 하는 좌절감은 이미 서너 번 읽어보았을 성격의 단어들을 가상 라디오 인터뷰에서 다룸으로써 상쇄될 수 있다. 새로운 상황과 코앞에 놓인 즉석 마이크는 대부분의 학생들에게 즐거운 마음으로 적절한 문장들을 다섯 번이라도 말할 수 있게 해준다.

학생들에게 그 이야기를 한두 가지 그림으로 표현하고, 그 이야기에 맞는 책 표지를 디자인해보고, 공공 도서관에서 저자에 관한 조사를 하고, 한 주나 두 주 동안 주인공의 가상 일기를 쓰고, 펜팔 친구에게 외국어로 그 텍스트에 관한 이야기를 쓰고, 그 텍스트의 일부를 대화체로 다시 써서 그것만 따로 암송하거나, 예컨대 8학년에서는 몇몇 동료 학생들과 함께 그 책의 한 장을 라디오 방송용 각본으로 만들어보라고 하면, 텍스트를 읽고 토론한 즐거움이 지속될 수도 있다. 이처럼 텍스트 읽기를 이런 방식으로 다루는 것은 자립성을 위한 교육이 될 수 있다.

위에서 정리한 모든 수단들이 외국어 말하기와 습득을 위한 것이라는 사실을 다시 한번 상기하자. 실습을 지향하는 학습의 많은 단계들이 이런 방식으로 시작된다. 학생들이 읽은 것을 토론할 수 있도록, 교사가 학생들이 사용할 수 있는 외국어로 칠판에 도움이 될 만한 구절을 쓸 수도 있다. 예컨대 이런 것들이다.

"On page X; at the top / in the middle / at the bottom of page X; in the first / second line; how do you pronounce this word? What does this word mean? Could you repeat that?"

("X쪽, 맨 위 / 중간 / 맨 아래 줄, 첫 부분 / 둘째 줄, 이 단어는 어떻게 발음하지요? 이 단어는 무슨 뜻이지요? 그걸 발음할 수 있겠어요?")

또는 다음과 같이 문장을 시작하는 표현, 그리고 그 밖의 다른 구절들도 쓸 만하다.

"I think / don't think that…; I don't know why / who / what…."

("내 생각에는 / 나는 …라고 생각하지 않는데…; 나는 왜 / 누가 / 무엇을 …인지 모르겠네.")

이렇게 문장구조 익히기를 강화하는 작업도 이야기에 관한 토론 속으로, 물론 아주 간결한 형태로, 쉽게 통합될 수 있다. 한 부분에 관한 작업을 마치고 나면, 교사가 빠른 속도로 이어지는 다음과 같은 종류의, 이해력 확인을 위한 질문을 할 수도 있다.

"Did Captain Cook like the food? Does Mr Popper want to fix an extra handle on the fridge? Is Mrs Popper going to feed the penguin? Was it the postman who rang?"

("쿡 선장이 그 음식을 좋아했나요? 포퍼 씨는 냉장고에 손잡이

를 하나 더 달고 싶어 하나요? 포퍼 부인은 펭귄에게 먹이를 줄까요? 벨을 누른 사람이 우편배달부였나요?")

응답을 하면서 학생들은 이때 (무의식적으로) 아주 중요한 부가 어구를 실습한다. 이 경우에는 이런 것들이다.

"No, he didn't; yes, he does; no, she isn't; no, it wasn't."

어떤 인물이 말했거나 물은 것에 관한 질문을 하면, 학생들은 간접화법의 솜씨를 써본다. 기술을 실습한다. 그 인물의 행동 장면을 상상하고 묘사해보라고 하면 학생들은 형용사와, 그 텍스트에서 이미 만났지만 이제는 효율적으로 사용할 수 있는 'house', 'garden', 또는 'street'처럼 평범한 주제에 등장하는 명사를 사용하게 된다.

어휘 등식을 피해야 하니, 학생들은 첫 번째 텍스트를 읽은 이래로 규칙적 간격을 두고 익힌 다른 수단에 의해 단어들의 의미를 따져보아야 한다.

"발음에 귀를 기울여보세요 – 잘 아는 언어 속에 비슷한 소리가 나는 단어가 있나요? 그 단어의 소리가 그 뜻에 관해 무언가를 말해주나요? 앞 문장과 뒤에 나오는 문장을 보세요. 문맥을 통해 보면 아마 그 단어가 의미를 드러내지 않을까요? 혹시 그 단어의 한 부분을 알고 있지 않나요? 다른 언어에서 비슷한 철자의 단어를 알고 있나요?"(후자는 영어에서 빈번히 나타나는 경우인데, 영어에서는 앵글로색슨족과 노르만족의 어원이 서로 겹친다.)

여기에 의미를 발견하는 기술이 숨겨져 있는데, 이렇게 하면 학생들이 상급 학년에 올라가서 좌절감에 안달하면서 모르는 모든 단어를 사전에서 찾아보지 않을 수 있게 해준다. 그리고 나아가 의미를 스스로 발견하는 작업은 기억의 성능을 괄목할 만큼 높여준다.

읽는 쪽마다 너무 오랫동안 멈춰가며 다음 쪽으로 잘 넘어가지 못하는 것이 흐름과 지속을 지향하는 이야기하기에 해로운 것과 마찬가지로, 예술적 텍스트를 공공연한 문법 연습의 연병장으로 사용하는 것 또한 잘못된 것이다. 물론 교사는 특정 문법구조를 몇 분 동안 자주 사용하는 식으로 이따금씩 질문을 던질 수는 있지만, 이것은 대화 속에서 자연스럽게 일어나야 한다. 많은 경우에 학생들은 어떤 규칙을 익히는 작업을 했다는 사실을 의식하지도 못할 것이다 (또한 실제로 학생들은 그것을 의식할 필요도 없다).

중급 학년 학생들에게 이야기에서 얻는 기쁨을 일깨워 외국어 또한 그 방법으로 더 쉽게 배울 수 있게 하는 노력과 함께, 우리는 1년 단위로 이해력이 더 높아지는 학생들의 읽기 능력을 감당하기 위해 다양한 보조 자료를 학생들에게 제공할 수도 있다. 이것은 물론 읽기 자료를 적절히 선택하는 것으로 시작된다(우리는 이 장이 시작될 때 선택의 기준에 관해 논의한바 있다). 이후의 단계들은 텍스트 안에서 교사 스스로 방법을 찾아 운영하기 위한 것이다. 예컨대 교사가 수업을 위해 특별히 준비한 텍스트를 사용하지 않는 경우에는, 스스로 준비할 수 있는 단어 목록의 형태로 된 여러 가지 언어 보조 자료를 쓸 수 있다. 이 목록에 쪽수를 매기면 원하는 단어를 쉽게 찾을 수 있다. 단어가 단지 이해력 연습을 위한 것인지, 다양한 방식으로 실제로 사용할 것인지에 따라 서로 다르게 표시를 해둘 수 있다. 학습을 돕기 위해 두 번째 목록은 주제와 반대말 쌍에 따라, 그리고 동사와 형용사에 따라서도 구분을 지어놓을 수 있다.

더 명료한 묘사를 돕고, 그다음에 있을 행동을 이해하며, 그 구절을 읽기 **전에** 그다음에 나올 것에 정서적으로 참여하게 해주기 위해서는 학습 능력이 좋은 학생과 약한 학생 모두가 기본적 세부 사항을 이해할 수 있도록 돕는 질문들을 마련해야 한다. "Who is the brother, who the friend of X? Where is X right now?" 등등. 한 단락을 읽는 동안 이런 질문들을 무심코 빠르게 던지면, 학생들의 주의력을 계속해서 붙잡아두어 강제성을 띠지 않은 채 학생들을 (다시) 읽기 자료에 집중할 수 있게 한다.

읽기 전에 칠판에 선행 질문을 써주면 학생들은 더 많은 안내를 받는다. 이것은 학생들이 중요한 세부 사항을 찾아내고 그것을 읽을 때 놓치지 않게 도움을 줄 수 있다. 텍스트에서 중심이 되는 점들이 드러나게 하는 또 다른 방법은 이해에 중요한 응답이 이루어질 수 있도록 학생들로 하여금 특정한 질문을 동료 학생에게 하게 하는 것이다. 결국 이것은 말하기 실습에도 적합한데, 질문을 표현하는 아주 중요한 기술을 강화하기 때문이다. 그래서 교사는 이렇게 말할 수 있다.

"Ask Peter where Laura's father was yesterday. (라우라

의 아버지가 어제 어디 있었는지 페터에게 물어보세요.)"

또는,

"He wants to do something, but what? Ask Sabine, please. (그는 어떤 일을 하기 원하는데, 그게 뭐죠? 자비네에게 물어봐주세요.)"

물론 읽기 자료에 관한 질문이 이런 종류에 국한되어서는 안 된다. 그러나 교사와 학생들 사이의 실제 대화가 있기 전, 이런 종류의 질문은 학생들이 텍스트에서 갈피를 잘 잡고 있는지를 확인해준다.

안전 그물망은 해가 갈수록 더 성겨진다. 그러나 플롯의 과정을 더는 따라갈 수 없다는 느낌은 학습에 아주 해롭다. 지나치게 많은 언어적 도움을 주는 것이 될 수도 있는 위험이 있다 할지라도 학생이 줄거리를 놓치지 않게 해주는 것이 중요하다. 상급 학년이 시작될 때의 어떤 작업에서도, 폭넓은 작품들을 모두 읽어낼 수 있는 능력과 수동적 어휘에 대한 학생들의 자신감이, 더욱 복잡하고 더 많은 언어 능력을 요하는 텍스트들을 읽는 데 충분해야 한다.

중급 학년 내내 전설, 영웅 이야기, 동화, 문화적 신화의 일부가 되어온 인물들에 관한 이야기 (영국에서는 아서 왕, 로

빈 후드, 딕 휘팅턴 등등)를 읽어왔다면, 서구 사상사에 자리를 잡을 만한 예술 작품들이 상급 학년 학생들을 기다린다. 제한된 외국어 구사 능력만을 지닌 학생들이 어떻게 기꺼운 마음으로 훨씬 더 큰 요구를 계속해 감당하면서 말하기와 글쓰기 능력을 더 키울 수 있을까? 위대한 작품들은 언어와 내용 면에서 너무 복잡해서 성장하고 있는 젊은이가 들어오지 못하게 해석의 문을 닫아버려 학생들을 침묵하게 만들지 않을까?

상당히 높아진 요구에도 불구하고, 주제를 전달하는 방법은 원리상 중급 학년에서와 똑같다. 나이가 들면서 학생들 스스로의 동기부여보다는 문학 텍스트에 의한 동기부여가 적어지는 약간의 변화가 필요할 뿐이다. 방법상의 이러한 변화를 다루기 전, 독자가 문학예술 작품을 받아들이는 데 관해 매우 상세하게 설명한 몇몇 사람들의 말을 인용해보자.

마르셀 프루스트는 우리가 예술 작품을 읽는 동안 다른 사람의 세계가 아닌 우리 자신의 세계에 낯선 방식으로 들어가는 점에 주목했다. T. S. 엘리엇은 본인 작품에 관한 다양한 해석의 타당함에 관해 질문을 받았을 때, 시에는 시인

이 의식하는 것 이상의 무엇이 들어 있을 수 있다고 말했다. 막스 프리슈[2]는 일기에서, 무엇보다도 독자가 자신이 지닌 사고의 풍요로움을 발견하는 것이 흔히 말하는 독서의 즐거움의 일부가 아니겠느냐고 말했다. 이 중 가장 명쾌한 것은 장 폴 사르트르의 독서 태도일 것이다.

요컨대, 읽기는 방향이 있는 창작 행위이다.

한편으로 문학이라는 대상은 독자의 주관 이외의 실체를 지니지 않는다. 라스콜리니코프의 기다림은 내가 그를 빌려서 하는 내 기다림이다. 독자의 이 초조함이 없다면 그는 그저 기호의 더미로 남아 있을 터이다. 그가 자신을 심문하는 예심판사를 증오하는 것은 기호에 의해 내게서 부추겨지고 꾀어내어진 내 증오이며, 예심판사라는 인물은 라스콜리니코프를 통해 내가 그에게 품는 증오 없이는 존재하지 않으리라. 이 증오가 그를 살아 있게 하고, 바로 그의 피와 살이다.[3]

2 역주) 막스 프리슈(Max Rudolf Frisch, 1911~1991): 스위스의 극작가이자 건축가.
3 장 폴 사르트르(Jean-Paul Sartre), 『독서와 글쓰기(Basic Writings)』 (London: Routledge, 2002), p.265.

이 저자들이 이런 말을 하기 전에, 그리고 문학 비평에서 저자와 그들의 텍스트의 권위만을 인정하고 독자의 느낌과 상상력의 권위는 인정하지 않았던 시절에 루돌프 슈타이너는 이렇게 썼다.

모든 진정한 예술 작품이 개인이 그 개성을 표현한 것임과 마찬가지로, 모든 비평 역시 개인이 예술 작품의 향유에 자기 자신을 바칠 때 일어나는 느낌과 발상을 바로 그 개인이 반영하는 것일 수도 있다. … 나는 그 예술 작품이 내게 끼치는 개인적 인상을 묘사할 수 있을 뿐이다. … 나는 내가 그 작품을 보고 있었을 때 내 안에서 일어난 것을 이야기할 뿐이다. 나는 내 내면 생활의 과정을 묘사한다.[4]

상급 학년에서 계속해서 문학을 가르치는 방법과 관련하여, 우리는 위에서 인용한 견해들로부터 다음과 같은 결론을 이끌 수 있다. 즉, 모든 저자가 예술의 주관적 경험을 강

---

4   슈타이너, 「현대의 비평(Moderne Critik)」, 《문학잡지(Magazin für Literatur)》, 1897.11.27. 「인지학 방법의 기초(Methodische Grundlagen der Anthroposophie)」에서 재인용.

조한다. 텍스트는 독자의 영혼 속에 그 미적 효과를 펼쳐 보이는데, 그것을 새로운 독자 개개인에게 새롭고 서로 다르게 한다. 그래서 흔히 말하는 텍스트 해석이라는 것은 없다. 개별 독자의 비평 이외에는 예술 비평이 있을 수 없다. 사람들은 오직 그러한 개별 비평을 통해서만 텍스트의 의미에 관해 배운다. 따라서 모든 해석은 앞선 상황에 의해, 독자의 삶의 경험, 환경, 나이 등등에 의해 결정된다. 각각의 새로운 독자와 함께 글자가 변하지 않고, 따라서 그 의미가 계속해서 똑같은 것으로 남는 인쇄된 책이 우리 앞에 놓여 있다는 점을 지적하는 것은 반론이 되지 못한다. 인쇄된 책은 아직 예술 작품이 아니다. 예술 작품은 읽기라는 과정 동안 생겨날 뿐이다. 문학예술 작품은 특정 개인과 접촉할 때 살아난다. 따라서 논리적으로 볼 때, 항상 주관적으로 구체화되는 작품은 영원히 일반적으로 유효한 한 가지의 일관되고 확실한 해석을 허용하지 않는다.

그런데 읽기가 어떤 의미를 추출하는 것뿐만 아니라 작품과 살아 있는 사람, 즉 생각하는 독자 사이의 의사소통이라면, 우리는 상급 학년 문학 수업에서 선택한 텍스트를 어떻게 다루어야 할까? 중급 학년에서처럼 텍스트의 기본적 이해가 일단 확실히 되면서 시작하는 학생들과의 토론에서는 텍스트가 학생들의 내면에서 반응, 경험, 연상, 사고를 촉발한 것으로 학생들의 주의가 거듭해서 이끌린다. 학생들이 집에서 주로 읽는 텍스트를 읽을 때, 학생들의 내면에서 일어난 것을 발전시키기 위한 수업에서 토론을 이용하는 것은 독자에게 이해의 과정을 눈에 볼 수 있게 해주는 것을 뜻한다. 어떤 구절이 어떻게 이해되었고, 그래서 그 이해를 통해 어떻게 의미가 만들어졌는지를 묘사해보라고 교사가 격려하면, 학생들에게 동료 학생들의 정서와 사고의 세계 속에서 그 텍스트가 처리되는 다양한 방식을 구체적으로 보여줄 수 있다. 다른 한편으로는 학생들이 다른 독자들의 논평에 관한 자신의 감동을 말할 수 있다. 명백한 오해가 있는 경우 말고는, 교사는 개개 학생이 텍스트를 읽고 이해한 방식이 타당한 이유를 강조한다. 토론의 결과를 글로 옮기는 것도 권장할 만한 일이다. 이것은 나중에 특정한 해석이나 경험으로 되돌아올 가능성을 만들어줄 뿐만 아니라, 예술 텍스트가 무언가를 줄 수 있고 서로 다른 수많은 연상과 기억과 기대감을 일깨울 수 있다는 사실을 눈에 보이는 말을 통해 제시하는 것이다. 학생들이 스스로 만들어낼 수 있는 것이 얼마나 많은지를, 그리고 이것이 바로 예술 작품이 자신들에게 해주기를 요청하는 것임을 느낀다.

읽는 동안에 내면에서 일어나는 것을 언급하는 질문은 (물론 항상 외국어로) 다음과 같이 할 수 있다.

"What detail / word / sentence / expression did you consider to be important / interesting / difficult / conspicuous / unusual and why?

What are your expectations with regard to what this character will do next? Can you explain why you think that?

What effect did this sentence / reaction of character X induce in you?

If you were character X, what would you do now under the circumstances as described?

What did you dislike about the content / language and why?

Do you feel sympathy / antipathy when you think of character X and what in your opinion has brought that about?

Did this sentence / incident / episode / description remind you of anything?

How do you experience the atmosphere - sombre, oppressive, encouraging - and what do you see as the reason for that?

How will the story end in your opinion?

How would you have concluded the novel / short story and why in such a way?

How did you imagine it would end? What made you think that?"

("어떤 부분을 / 단어를 / 문장을 / 표현을 중요하다고 / 흥미롭다고 / 어렵다고 / 이채를 띤다고 / 특이하다고 생각했고, 왜 그렇죠?

이 인물이 다음에 할 행동에 관해 어떤 예상을 하죠? 왜 그렇게 생각하는지 설명해줄 수 있을까요?

이 문장에서 / X라는 인물의 반응에서 어떤 느낌을 받게 됐죠?

X라는 인물이 된다면, 묘사된 상황에서 지금 무슨 일을 하겠어요?

이 내용 / 언어에 관해 싫어하는 것이 무엇이고, 왜 그런가요?

X라는 인물에 관해 생각할 때 공감을 / 반감을 느끼나요? 어떤 의견을 갖고 있기 때문에 그렇게 생각하게 되었나요?

이 문장이 / 사건이 / 일화가 / 묘사가 무언가 떠올리게 했나요?

분위기를, 즉 침울하다거나, 압박감을 준다거나, 기운을 북돋우는 느낌을 경험하나요? 그리고 그 이유는 뭐라고 생각하나요?

이 이야기가 어떻게 끝날 거라고 생각하나요?

당신이라면 이 장편소설을 / 단편소설을 어떻게 끝냈겠어요? 왜 그렇게 끝내고 싶었나요?

이 이야기가 어떻게 끝날 거라고 상상했나요? 왜 그렇게 생각했죠?")

우선 교사는 내용을 규정하거나 결정하는 방식으로 행동하지 않도록 주의해야 한다. 교사는 학생들을 지도하는 것만 아니라 그들에게서 무엇이 나오는지를 보는 방식으로, 예술 작품과 독자 사이를, 그리고 독자들 사이를 매개해야 한다. 교사가 경험 많은 독자라 할지라도, 상급 학년 학생들과 함께할 때에는 그들 가운데 한 사람의 독자로서만 행동한다. 루돌프 슈타이너가 세 번째 7년 주기의, 즉 14~21세의 학생들을 가르치는 교사들에게 당부하는 친절한 안내는 위에서 제시한바 문학의 본질과 수용에 관한 이해로부터 생겨

나는 교사의 태도와 아주 정확히 일치한다. 따라서 그것은 자신의 견해와 방법을 주장하는 것을 목표로 하지 않는 안내이다. 여기서 안내란 알기 쉽고 명료하게 말하는 것을 요구하는 것, 계속되는 토론에 도움이 되는 견해를 채택하는 것, 생산적 질문을 하는 것, 같은 종류의 면들을 한데 묶는 것, 말한 것들에 관한 증거를 텍스트 안에서 찾는 것, 가능한 다른 시각으로 주의를 이끄는 것, 바람직하거나 필요한 배경 정보를 쏠 수 있게 해주는 것, 그리고 다른 많은 과제와 함께, 되도록 많은 독자가 영혼의 능력과 미적 인지 능력을 기르고 마음을 확장할 수 있는 기회를 만들어주는 것을 뜻할 뿐이다. 이것은 교사들이 학생들과의 토론 뒤에 자신들의 시각을 제시하고 정당화하도록 허용되어서 안 된다고 말하는 것이 아니다. 많은 학생들은 교사의 독서 경험과 판단을 기다리기 십상이고, 그것을 자신의 느낌과 해석에 추가하기를 원한다. 학생들이 우정을 느끼는 관계 속에서 그 안내에 신뢰를 더해온 교사가 어떤 태도를 취하는가는 교육적으로 중요한 문제이다. 그러나 핵심 요소는 교사가 그러한 행동을 취하는 때이다.

중급 학년에서의 읽기 자료 토론과 마찬가지로, 문학 텍스트에 관한 공부도 물론 언어 구사 능력을 향상할 많은 기회를 제공한다. 자세히 들여다보면 언어의 한 영역이 아닌 두 가지 중요 영역을 활성화하는 기회가 생긴다. 텍스트에 관한 토론에서는 동료 학생들과 상호작용을 하면서 말하기를 실습하는 것, 다시 말해 언어를 비교, 증명, 인정, 개입, 대조 등등의 도구로 써보는 일이 항상 필요하다. 다른 한편으로 학생들은 텍스트를 이해하고 텍스트와 상호작용하는 것에 관해 말할 수 있게 해주는 언어 표현들을 사용할 필요가 있을 터이다. 이것은 연상한 것, 추측한 것, 불확실한 것, 태도, 느낌 등등을 표현하는 수단을 필요로 한다. 이 두 영역의 언어를 습득하기 위해서는, 학생들이 칠판이나 목록에 적힌 적절한 표현을 볼 수 있거나, 교사에게 격려를 받는 대로 말하기에서 이 표현 수단들의 기능을 계속해서 경험할 수 있는 것이 도움이 된다. 시작할 때에는 교사가 적절한 몇몇 시작 문장을 간략히 언급하면서 칠판에 적은 표현 중 일부를 사용해보라고 하고, 어떤 학생이 말하는 것에 다른 학생들이 보일 법한 반응들에 관해 재빠르게 검토할 수 있다. 쓸모 있는 구절들을 이렇게 계속 되풀이해서 연습하는 것은 학생들에게 그것을 숙달하게 해주는 한 가지 방법이 된다.

그러나 끊임없는 반복과 함께, 학생들에게 이것이 기억해야 할 자료일 뿐만 아니라 자신을 표현하는 데 사용할 수 있는 쓸모 있는 도구라는 점을 이해할 수 있게 해주면, 그 또한 학습 과정을 더 쉽게 만들어준다.

중급 학년 때 이미 학생들은 자신이 읽은 것에 생산적으로 반응할 수 있는 도구를 부여받는다. 텍스트를 다루는 이런 방식이 상급 학년에서도 계속된다. 즉, 학생들에게 이미 중간과 끝부분이 제시되고 토론된 이야기의 시작 부분을 써보라고 하거나, 어떤 장편소설을 읽을 때 그것의 0장에 관해 (그 소설이 시작되기 전에 일어난 일에 관해) 물어본다. 또는 이미 다룬 단편소설을 주인공이 아닌 다른 인물 가운데 한 사람의 시점으로 써볼 수도 있다(이것은 학생들에게 서술 시점이라는 장치의 중요한 기능을 경험하게 해준다). 시를 산문 텍스트로 바꾸어 쓸 수도 있다(이것은 형식과 내용의 관계를 실제로 보여주는 이상적 방법이기도 하다). 어떤 학생들은 인물들의 성격을 맡아서 (다른 학생들 앞에서) 기자회견을 해야 한다. (콜라주, 삽화, 표지 디자인 등의) 일러스트레이션 작업을 해보라고 하는 것은, 교실에서 그것을 만들고 설명하는 것이 그것을 불러일으킨 텍스트의 요소들에 관한 우리의 느낌과 사고에 관해 깊이 생각해볼 것을 요구하기 때문이다.

　문학은 인간의 상상력을 가장 인상적으로 표현하는 형식 중 하나다. 다른 예술 형식들과 함께 문학은 기능성과 합리성에 방향이 맞춰진 일상 세계 속에서 인간의 이미지를 독립된 존재로 유지하는 데 기여한다. 이 이유만으로도, '자유를 향한 교육'은 문학 텍스트와 소통하면서 성장하는 젊은이가 느낄 수 있는 흥미와 즐거움을 일깨우는 노력을 아끼지 않으리라. 문학이 품은 그러한 흥미와 즐거움이 그에 더해 외국어 수업에서 토론을 돕고, 그래서 언어 습득을 돕는다는 사실은, 발도르프 교육의 목표들과 행복하게 하나로 수렴된다.

참고 문헌

- 스티븐 핑커(Steven Pinker), 「언어 본능: 언어와 정신에 관한 신과학(The Language Instinct: The New Science of Language and Mind)」, (UK, Penguin, 1994).

- 알랭 덴장(Alain Denjean), 「외국어 문법 수업 입문(Zum fremdsprachen Grammatikunterricht der Waldorfschule)」, (Freies Stuttgart: Geistesleben, 2000).

- 에리카 뒨포르트(Erika Dühnfort), 「예술 작품으로서의 언어 구조: 발도르프 학교의 문법 교육 규범(Der Sprachbau als Kunstwerk: Grammtik im Rahmen der Waldorfpädagogik)」, (Stuttgart: Freies Geistesleben, 1980).

- 요하네스 키르슈(Johannes Kiersch), 「슈타이너-발도르프 학교의 언어 교육: 루돌프 슈타이너로부터 얻는 통찰(Language Teaching in Steiner-Waldorf Schools: Insights from Rudolf Steiner)」, (Edinburgh: Floris, 2014).

- 장 폴 사르트르(Jean-Paul Sartre), 「독서와 글쓰기(Basic Writings)」 (London: Routledge, 2002).

- 줄리앙 그린(Julien Green), 「언어와 그 복제품(Le Langage et son double)」, (Paris: Différence, 1985).

- 크리스토프 자프케(Christoph Jaffke), 「저학년 외국어 교육: 발도르프 교육에서의 근거와 경험(Fremdsprachenunterricht auf der Primarstufe: sein Begründung und Praxis in der Waldorfpädagogik)」, (Weinheim, 1994).

- 페터 슬로터다이크(Peter Sloterdijk), 「세계로 오다 – 언어로 오다(Zur Welt kommen – Zur Sprache kommen)」, (Frankfurt: Suhrkamp, 1988).

아래의 루돌프 슈타이너 저작은 전집(CW, Collected Works), 또는 독일 전집판(GA, German Gesamtausgabe)를 말한다.

- Rudolf Steiner, 『보편 인간학(Allgemeine Menschenkunde)』(GA 293), (Dornach, 1986).

- _____, 『청소년 교육(Education for Adolescents)』(CW 302), (Anthroposophic Press, USA, 1996).

- _____, 『교사 회의(Faculty Meetings with Rudolf Steiner)』(CW 300) 2 vols. (Anthroposophic Press, USA, 1996).

- _____, 『소심증은 어떻게 치유할까(How to Cure Nervousness)』, (Rudolf Steiner Press, UK, 2008).

- _____, 『인지학의 방법론적 근거(Methodische Grundlagen der Anthroposophie)』(GA 30), (Dornach, 1989).

- _____, 『교사들에게 주는 실용적 조언(Practical Advice to Teachers)』(CW 294), (Anthroposophic Press, USA, 2000).

- _____, 『교육의 일신(The Renewal of Education)』(CW 301), (Anthroposophic Press, USA, 2001).

- _____, 『영혼의 섭리: 발도르프 교육에서의 육체, 영혼, 정신(Soul Economy: Body, Soul, and Spirit in Waldorf Education)』(CW 303), (SteinerBooks, USA, 2003).

●

외국어 공부의
깨달음을 향해

헵타포드의 경우 모든 언어는 수행문이었다. 정보 전달을 위해 언어를 이용하는 대신, 그들은 현실화를 위해 언어를 이용했다. 그렇다. 어떤 대화가 됐든 헵타포드들은 대화에서 무슨 말이 나올지 미리 알고 있었다. 그러나 그 지식이 진실이 되기 위해서는 실제로 대화가 행해져야 했던 것이다.[1]

1. 봉준호와 다니엘 린데만의 외국어

필자가 지금 이 글을 쓰기 얼마 전까지도 전 세계인에

---

1   테드 창, 「네 인생의 이야기」, 『당신 인생의 이야기』, 김상훈 옮김, 엘리, 2017, 219쪽.

게 주목 받던 영화감독 봉준호와 영화 〈기생충〉이 난데없는 (!!) 질병 때문에 별안간 세인의 관심에서 멀어진 듯하지만, 그 여운은 앞으로도 꽤 오랫동안 다양한 담론을 만들어내는 힘을 가질 것 같다. 나는 아직 이 영화는 보지 않았지만, 세계 여러 나라를 돌아다니며 아주 자연스럽고 자신감 있는 태도로 인터뷰를 하는 그의 모습이 내게는 여전히 매우 강한 인상으로 남아 있다. 물론 그와 동행하며 세간의 관심을 한 몸에 받은 젊은 통역사에게도 나 역시 관심이 많이 갔지만, 원어민과 다름없는 영어 구사력을 가진 그 통역사보다도, 영어 구사는 물론 그보다 못하지만 어느 외국인들 앞에서든 전혀 주눅 들지 않는 봉준호의 태도가 오히려 더 내 관심을 끌었다.

봉준호의 이러한 태도는 그가 영화를 통해 세계인에게 표현하고자 하는 메시지의 신념에서 나온다고 나는 생각한다. 자신의 영화가 세계인에게 이미 보편적 공감을 얻었듯이, 외국인을 만나서 나누는 대화에서도 꼭 '할 말'을 분명히 한다는 믿음이 그 자신감의 본질이 아닐까. 그가 웬만한 내용은 스스로 영어로 말할 수 있는 것 또한, 꼭 해야 할 말을 한다는 그의 확신이 그 원동력이라고 생각한다. 최성재라는 통역사가 전문 통역 교육을 전혀 받지 않았음에도 모두가 경탄할 만한 통역을 한 것도, 물론 그의 뛰어난 영어 실력 덕이기도 하지만, 사실은 그 역시 영화감독 지망자로서 내면 깊이 품은, 영화감독 봉준호와 그의 작품에 대한 누구 못지않은 이해와 교감과 존경이 바탕에 없었다면 불가능하지 않았을까 하는 것이 내 생각이다.[2]

샤론 최 인터뷰

한국어를 외국어로 습득한 다니엘 린데만이라는 독일 청년도 이런 면에서 봉준호와 다르지 않다. 한국어에 능숙한 다양한 외국인 청년들이 여러 가지 주제를 놓고 재미난 토론을 하는 한 예능 프로그램에서 그는 타의 반, 자의 반으로 '노잼 캐릭터'를 갖게 됐지만, 어떤 주제에서건 자기만의 아주 명료한 관점으로, 그러면서도 선하고 부드러운 표정과 말투로 잔잔하면서도 단호하게

---

2 실제로 그는 미국의 한 대학에서 영화 관련 전공 학과 공부를 하면서 이미 봉준호 감독에 관해 많이 알고 있었지만, 봉준호 감독의 통역 일을 맡게 되는 것이 결정된 뒤에는 봉 감독의 말투와 표현, 그 속에 담긴 느낌에 숙달되기 위해 2~3주 동안 봉 감독의 인터뷰만 찾아서 보며 봉준호와 봉준호의 작품 세계를 더 깊이 천착했다고 한다. 영어에 능통한 그가 통역 일을 본격적으로 시작하면서 갖게 되었다는 '직업병'이 눈여겨볼 만한데, '누군가와 한국어로 대화를 나누다가 상대방이 쓴 한국어가 영어 단어로 생각나지 않으면 그 자리에서 바로 스마트폰으로 찾아'보는 습관이 생겼다는 것이다. 그렇게 준비된 그가 봉준호 감독의 통역사로서 갖게 된 '통역 철학'은, '정치·외교처럼 정보 전달이 주된 목적이라 모든 단어 하나하나가 중요한 것과는' 달리 영화는 문화이기 때문에, '문화의 느낌과 감정을 잘 전달하는 데 초점'을 맞추는 통역을 한다는 것이다. "'봉준호 입' 샤론 최 "봉 감독 말투·표현·느낌 탐독했어요"", 〈중앙일보〉, 2020.7.2.

자신의 생각을 피력하는 태도가 내겐 이 청년의 진짜 인상으로 특별히 강하게 남아 있다. 자기 나라 어느 대학의 동아시아학과에서 한국어를 열심히 공부하기 시작할 때, 이미 그의 가슴과 머릿속에는 한국인을 비롯한 여러 세계인들과 함께 나누고 싶은 이야기가 넘쳐나고 있지 않았을까 상상해 본다.

요컨대 봉준호와 다니엘 린데만 모두에게 외국어 공부의 근본 동력은 '세계인들과 함께 나누고 싶은 자기 나름의 이야기'가 아니었을까 하는 것이 내 추측이자 내가 생각하는 외국어 공부의 바람직한 동기이다. 그들은 이러한 동기에서 출발하여 나름의 방식으로 외국어 공부를 하지 않았을까. 물론 이러한 동기를 힘 있게 만들어준 바탕은 이들의 튼튼한 모국어 실력이었을 것이 분명하다. 그러니 자신이 하고자 하는 이야기를 외국어로 표현하는 일이 힘들고 어려워도 그것이 하기 싫은 일을 외부로부터 강제당할 때와 같은 괴로움은 분명 아니었으리라. 오히려 외국어 공부의 이런 강력한 동기는 특유의 효과적 학습 방법을 발견하게 해주었을 법한데, 자신이 공부하는 외국어의 원어민과 그들의 문화를 생생히 이해하고 체험하고자 하는 필연적 열망 자체가 그 외국어와 외국 문화의 본질에 다가가는 길을 밝혀주었을 터이기 때문이다.

독일의 슈타이너-발도르프 학교 외국어 교육의 철학과 방법을 일목요연하게 소개하는 책을 살펴보는 이 자리에서 봉준호와 다니엘 린데만을 언급하는 것은, 바로 이들이 보여주는바 외국어를 대하는 자세가 이 학교의 외국어 교육의 정신과 본질상 일치한다고 생각하기 때문이다. 그렇다면 이들의 외국어 공부 방법 또한 이 책에서 설명하는 바람직한 외국어 학습법과 닮았을 가능성이 많다. 이 해제를 통해 정리해볼 그 학습법이 독자의 예상과 달리 뾰족한 묘법이 아닌 것처럼 보일 수 있다. 그러나 그 방법을 낳은 정신 또는 철학의 의미와 가치를 이해하면 왜 그런 방법이 외국어 공부의 올바르고도 효과적인 방법인지, 그래서 그 방법의 취지를 깊이 명심하여 실행하는 것이 왜 중요한지 납득할 수 있게 될 것이다. 또한 그렇게 되면, 예컨대 수많은 내외국인 유튜버들이 제시하는 효과적 외국어 학습법 각각의 타당성 수준과 적절한 쓰임새를 판별할 수 있는 안목도 가질 수 있을 것이다.

2. 한국인에게 외국어(공부)란 무엇일까?

우리가 외국어 공부의 바람직한 지침을 스스로 세우기 위해서는 이 반성의 자문에서 출발해야 마땅할 것이다. 우리 스스로에게 던지는 이 질문에 답을 해보자.

첫째, 한국인에게 외국어란 무엇보다도 영어 그 자체라 할 것이다. 아니, 정확히 말하자면 미국인들이 쓰는 말을 거의 절대적 표준으로 하는 영어다(영어 공부를 콘텐츠로 삼는 대다수 유튜버들이 '미드(미국 드라마)'나 미국 영화의 '섀도잉(shadowing, 그대로 따라 하기)'을 방법으로 삼는 것은 단순히 그것이 접하기 쉽기 때문은 아닐 것이다). 이게 무슨 반성거리가 될까? 21세기가 시작될 즈음에 출간된, 세계의 언어(소멸)에 관한 한 책의 저자들에 따르면, '오늘날 세계적으로 대략 5천에서 6천 7백 개의 언어들이 있는 것으로 추정'되는데, 그 가운데 "최소한 절반이나 그 이상의 언어가 21세기를 지나는 동안 사멸할 것"[3]이라고 한다. 이 책의 저자들은 "각

---

3   다니엘 네틀·수잔 로메인, 『사라져 가는 목소리들』, 김정화 옮김, 이제이북스, 2003, 21쪽.

언어마다 세계를 보는 자신만의 창"[4]이 있고, "생물 다양성이 나타나는 지역과 언어적 다양성이 높은 지역들 간에 매우 현저한 상관관계가 있음"[5]을 실증한다. 문제는 바로, "다중 언어의 사용이 대세인 세계에서, 영어만을 사용하는 사람들은 대개 자신들의 상황이 표준이 아니라는 사실을 모르고 있다"[6]는 점이다. 그런데 사실 이러한 지적이 가장 통렬히 적용되어야 할 나라가 한국이 아닐까? 한국인에게 언어 다양성이 관심의 대상이나 될까? 그렇기는커녕 복거일이라는 한국의 유명 소설가는 '영어 모국어(!)'론을 소리 높여 주장한 바 있다. 이것은 영어를 단지 열심히 배우자는 것이

아니라, 한국어 대신에 영어를 모국어로 삼자는 주장이었다[7](그런 그가 영어로 소설을 썼다는 말은 들어보지 못했다. 주로 한류의 영향 덕이지만

세계 여러 나라의 수많은 젊은이들이 한국어 배우기에 열중인 요즈

---

4   위의 책, 34쪽.

5   위의 책, 33쪽.

6   위의 책, 42쪽.

7   그런데 복거일이 영어로써 대체하자고 한 우리의 모국어인 한국어는, 아이러니하게도 미국인 한국학자 마크 피터슨의 설명에 의하면, 세계에서 열세 번째로 많은 수의 사람들이 모국어로 삼는 '세계적인 언어'이다.
    "한국어는 세계적인 언어이다(Korean is a World Language)", 〈YOUTUBE〉, 2019.10.

음의 분위기 탓인지 그의 이러한 주장을 지금은 들을 수 없다). 아마도 그가 생각하는 영어는 정확히 말하자면 '미국 말'이리라. 그런데 영어라는 말 자체가 애초에 유럽의 다양한 종족의 언어와 그 언어들의 정신을 배경으로 하여 형성된 것[8]과 마찬가지로, 오늘날 역시 단일한 표준 영어가 아니라 예컨대 'Hinglish(인도식 영어)'나 'Singlish(싱가포르식 영어)' 같은 매우 다양한 '지역 영어(local English)'의 형태로 존재하는 것이 오히려 영어에 생명력과 전파력을 부여한다는 점 또한 상기해야 한다.[9]

8　Christy Mackeye Barnes et.al., *For the Love of Literature* (New York: Anthroposophic Press, 1996), pp.133~141.

9　이것은 영어를 쓰는 세계 각 지역의 사람들이 제멋대로 규칙을 만들어 써도 좋다는 말이 아니라, 영어라는 언어에 역사적으로 형성된 어떤 특별한 적응력 같은 것이 있는 게 아닌가 하는 점을 강조하는 말이다. 그렇기 때문에 오히려 보편적으로 인정할 만한 포괄적 의미의 영문법이 더 중요할 수 있는데, 예컨대 'like'를 접속사로 사용하는 것과 같은, 문법 파괴를 비롯한 미국식 영어의 왜곡과 '저속화' 현상에 대한 심각한 우려가 미국의 발도르프 상급 학교에서 영어와 문학을 가르친 교육 선각자에 의해 이미 오래전에 제기된 바 있다. Ibid., pp.31~32.
말이 나온 김에 덧붙이자면, 세계 여러 나라 젊은이들의 관심과 학습의 대상이 된 한국어 역시 파괴 현상이 심각하기는 마찬가지여서, 외국 젊은이들도 잘못된 한국어를 배우지 않을까 우려스럽다. 2020년에 온라인으로 진행한 내 글쓰기 수업의 경험을 소개하는 것이 좋겠다. 나는 학생들뿐만 아니라 대다수 일반인은 물론이고 한국어 전문가라 할 방송국 아나운서에 이르기까지 습관적으로 잘못 쓰고 있음에도 의식하지 못하는 대표적 표현인 '-도록'을 정확하게 사용할 것을 학생들에게 한 학기 내내 주의시켰지만, "앞으로는 '도록'을 쓰지 않도록 하겠습니다." 같은 문장에서 보듯 학생들의 잘못된 습관이 쉽게 고쳐지지 않았다(이 문장이 왜 잘못된 것인지, 그리고 이 문장을 쓰는 학생이 내 강조의 의도를 어떻게 잘못 이해한 것인지는 『표준국어대사전』에서 '-도록'이라는 어미의 쓰임새에 관한 설명만 찾아보아도 충분히 알 수 있다. 이 말은 거기에 설명된 두 가지 경우에만 쓰임새에 맞게 정확히 써야 한다). 또한 역시 남녀노소를 불문하고 흔히 쓰는 표현인 '~에 있어(서)'는 '~に　おいて'라는 일본어 표현의 직역 투여서 부자연스러우니 쓰지 말고, 없애거나 '~에서' 같은 말로 고쳐 쓰라고 매번 반복해서 강조했으나, 이 말 역시 학생들에게 무의식적 습관으로 굳어져서 거의 고쳐지지 않았다. 또 예컨대 학생들은 '간지'라는 말이 '느낌'이라는 뜻을 지녔을 뿐인 일본어 'かんじ'를 그대로 가져온 것이라는 사실을 모르면서 쓴다. '간지'가 '느낌'보다 더 좋은 느낌이 들어서 그런 걸까?

둘째, (거의) 유일한 외국어로서의 영어(=미국 말)는 한국인에게 막연히 절박하게 숙달해야 할, 또 그래서 스트레스를 주는 대상이다. 한국만큼 전 국민이 영어에 막연히 목을 매는, 또는 목을 매게 만드는 나라가 지구상에 또 있을까. 구체적 근거 자료를 찾아보지 않더라도, 이러한 현상의 근본 원인이 무엇일지는 충분히 짐작할 수 있다. 유일 절대 강자로서의 미국이 주도하는 세계 질서를 한국만큼 충실히 인정하고, 그것에 철저히 부응하는 정도에서 한국만 한 나라가 없다는 사실이 그것이다. 어쨌거나 영어를 향한 한국인의 열망을 보자면, "지금 우리나라 일반 국민들의 영어에 대한 기대치는 우리 사회가 이중 언어 사회로 가야 함을 의미"[10]한다고 해도 과언이 아니다. 그런데 영어에 대한 이러한 국민적 열망이 절대로 채워질 수 없는 근본 이유가 있다. 그것은 바로 사람이 세상에 태어나 평생 동안 모국어 하나로 생존하는 데 불편함을 느끼지 않을 수 있는 나라가 전 세계에 한국과 일본 단 두 나라밖에 없다는 사실[11], 그래서

---

10 이병민, 『당신의 영어는 왜 실패하는가? – 대한민국에서 영어를 배운다는 것』, 우리학교, 2014, 112쪽.

11 위의 책, 82쪽 참조.

전 세계에서 언어 갈등이 거의 없는 나라 역시 이 두 나라 뿐이라는 역설적 사실[12]이 그것이다. 게다가 우리는 학교에서 한국어가 알타이어족에 속한다고 배운 것과는 달리, 한국어와 일본어가 모두 다른 언어와의 친족 관계를 찾을 수 없는 '고립된 언어'에 속한다는 것이 여러 언어학자들의 공통된 견해이기도 하다.[13] 그러니, 사람이 태어나 모국어를 거의 완전히 습득하는 데 필요한 11,680시간(하루 평균 8시간씩 4년)을 똑같이 영어 습득을 위해, 그것도 자신의 생활공간에서 자연스럽게 보낼 수 있는 사람이 한국에 사는 한국인 가운데에는 원천적으로 있을 수 없다는 뜻이다.[14] 이 모순 속에서 영어를 잘하고 싶다는 열망 때문에, 그 열망이 강하면 강할수록 더 큰 스트레스를 받지 않을 도리가 있는 사람은 당연히 없을 수밖에 없다.

---

12 위의 책, 63쪽 참조.

13 다니엘 네틀·수잔 로메인, 앞의 책, 71쪽 참조.
데이비드 크리스탈, 『언어의 작은 역사』, 서순승 옮김, 휴머니스트, 2013, 152~154쪽 참조.
토르 얀손, 『언어의 역사』, 김형엽 옮김, 한울, 2015, 68~69쪽 참조.
이와 같은 견해 가운데 가장 인상적인 진술은 다음과 같은 것이다.
"한국어와 일본어는 몇몇 언어학자들이 그중 하나 또는 둘 다를 알타이어족으로 묶기도 하나, 언어학적인 면에서 고아처럼 보인다."
스티븐 핑커, 『언어본능(하)』, 김한영·문미선·신효식 옮김, 그린비, 1998, 50쪽.

14 이병민, 앞의 책, 233~253쪽 참조.

셋째, 이와 같은 상황이 만들어지는 근본 배경에는, 한국인에게 외국어(영어) 공부를 밑받침하는 철학과 그 철학에서 나오는 바람직한 방법이 없고, 그래서 위에서 말한 터무니없는 열망과는 너무나 대조적으로, 효율성 또한 없는 영어 학습을 하고 있다는 사실이 있다. 우리는 과연, "외국어를 다른 사람들보다 앞서가기 위한 단순한 도구로 생각하거나, (…) 하나의 언어를 다른 언어의 우위에 두는" 것이 아니라 어떤 외국어든 "한 언어의 내적 아름다움을 보는 법을 배우자"[15]는 생각에 어떻게 반응할 것인가? 이런 생각이 '현실'을 모르는 순진한 당위론일까? 그렇지 않다. 영어 공부의 효율성 또한 사실은 바람직한 그 철학에서 나오기 때문이다. 무엇보다도 한국에서의 영어 학습이 대학 입시를 비롯한 각종 시험을 위한 것이고, 그것이 시험 이외에서는 효과를 제대로 내지 못하는 학습 방법이라는 분명한 사실이 그것을 반증하지 않는가? 외국인을 만나서 실제로는 써먹지도 못할 방식으로, 영어 단어를 단지 대학 입시만을 위해 1만 개쯤 외우겠다는 목표를 가지고 고등학교 시절 무턱대고 영어

---

15 리타 테일러, 「언어의 귀중함」, 『감의 빛깔들』, 정홍섭 옮김, 좁쌀한알, 2017, 176쪽.

공부를 한 필자의 경험도 당연히 그 안에 포함된다.

그렇다면 무엇이 외국어 공부의 바람직한 철학이자 방법이 되어야 할까? "인간은 완전한 의미에서 인간인 한에서만 놀이하며, 또한 놀이하는 한에서만 온전한 인간"[16]이라는 프리드리히 실러의 간단 명쾌한 인간론이 암시하듯이, 모름지기 "어떤 외국어든 기쁨과 열정으로"[17] 배우는 것이 그것이라고 나는 생각한다. 그런데 빌헬름 폰 훔볼트가 말하는 '정신 형성의 힘으로서의 언어'란 모국어를 가리킨다는 것[18], 그리고 "사람은 자기가 알고 있는 것을 듣고 (…) 알고 있는 것을 본다"[19]는 말 역시 "모국어가 비로소 사유를 가능하게 한"[20]다는 사실을 의미하는 것임을 염두에 둔다면, "자신에게 자아 감각과 삶의 토대를 주는 이곳의 언어"[21]인 모국어를 제대로 구사하는 능력이 전제되어야, 이 '외국어 공부라는 놀이'가 가능해진다. 한마디로 제대로 된 모국어

---

16 프리드리히 실러, 『미학 편지─인간의 미적 교육에 관한 실러의 미학 이론』, 안인희 옮김, 휴머니스트, 2015, 129쪽.

17 리타 테일러, 앞의 책, 176쪽.

18 허발, 『언어와 정신』, 열린책들, 2013, 144쪽.

19 레오 바이스게르버, 『모국어와 정신형성』, 허발 옮김, 문예출판사, 1993, 161쪽.

20 위의 책, 162쪽.

21 리타 테일러, 앞의 책, 176쪽.

능력을 바탕으로 즐겁게 외국어를 배우게 되는 것이다. 그런데 사실은 제대로 된 모국어 능력이야말로 제대로 놀면서(!) 자라게 된다는 것을 우리 모두가 알고 있지 않은가. 만 두 살 무렵부터 몇 해 동안 모든(!) 아이들은 자유롭고 발랄한 모방의 놀이를 통해 '언어의 천재'가 될 수 있지만, 이 나이 대에 모국어를 충분히 익힐 기회를 얻지 못한 아이들은 모국어도 외국어도 완전히 익히지 못한다는, 러시아 현대 아동문학의 창시자 코르네이 추콥스키의 말을 새겨들어야 한다.[22] 58개 국어를 유창하게 구사했다는 해럴드 윌리엄스[23] 같은 인물도 이 섭리에서 예외가 될 수는 없었으리라. 그런데 사실은 58개 국어를 고르게 유창하게 구사할 수 있는 사람은 고사하고, 듣기·말하기·읽기·쓰기를 고르게 잘할 수 있다는 의미에서는, "아주 잘 균형 잡힌 이중 언어 사용자는 가능하지 않다"[24]는 것이 이 분야 전문가의 결론이다.

22 코르네이 추콥스키, 『두 살에서 다섯 살까지 – 아이들의 언어 세계와 동화, 동시에 대하여』, 양철북, 2011, 20~22쪽 참조.
23 데이비드 크리스탈, 앞의 책, 32쪽 참조.
24 이병민, 앞의 책, 196쪽.

3. 슈타이너-발도르프 학교의 외국어 교육의 정신 또는 철학

이 책은 외국어 교육, 또는 학습의 안내서로서 두 가지의 각별한 의미가 있다. 첫째, 사상가이자 교육철학자인 루돌프 슈타이너가 창시한 인지학(anthroposophy), 즉 인간에 관한 앎의 철학에 바탕을 두고 세워진 발도르프 학교의 외국어 교육 철학과 방법을 소개하는 책으로서, 외국어 교육에 인지학이 적용될 때 달라지거나 실현될 수 있는, 학생들의 외국어 학습의 양상을 생생히 보고 이해할 수 있게 해준다. 둘째, 이 책은 좀 더 정확히 말하자면 독일어를 모국어로 하는 학생들에 대한 영어 교육의 철학과 방법을 설명하는 책인데, "새로운 유럽은 여러 국가로 이루어진 다문화 공동체가 될 것"이며 "그 안에서는 두세 가지의 외국어를 구사하는 능력이 모국어를 읽고 쓰는 것과 비슷한 정도의 기본적인 문화적 기술이 될 것"이라는 저자의 언명에서 알 수 있듯이, 유럽연합에 속한 나라들의 일반적 외국어 교육 방향 또한 공유한다고 볼 수 있어서, 이 책을 통해 그 교육 방향 또한 간접적으로 이해할 수 있을 것이다. 이 역시 우리에게 중요한 점인데, 유럽연합의 언어 교육 방식은 한 미국인 언어학자가 한글로 쓴 저서 속에서 이상적인 것으로 평가받기도 하고[25], 영어 교육으로 미국에서 박사 학위를 받은 한국인 학자에 의해서도 우리에게 더 적절한 방식으로 권장된다. 그 이유는 "미국의 영어 교육 모델은 미국에 온 이민자, 미국에 학위를 받으러 온 유학생, 미국에 취업을 하러 온 외국인들을 미국인으로 만드는 것을 최종 목표로 하는 영어 교육"[26]인 반면에, 독일·프랑스·이탈리아·스페인 등의 "유럽식 모델에서는 영어를 어떤 조건에서 어떤 목적으로 배울 것인지 한계와 제약을 가지고 영어를 외국어로 배우는 수요자의 입장에서 영어를 바라보고"[27] 있기 때문이다. "그러나 이들 나라의 언어정책이나 영어 교육정책은 미국이나 영국의 모형이나 학문적 그늘에 가려져 아무도 의미 있게 바라보려고 하지 않는"[28] 것이 현실이라고 하니, 우리가 지금 접하고 있는 이 책은 이런 면에서도 매우 보기 드문 의미를 지닌 외국어 교육 또는 학습의 지침서가 아닐 수 없다.

---

25 로버트 파우저, 『외국어 전파담』, 혜화1117, 2018, 339~340쪽 참조.
26 이병민, 앞의 책, 360쪽.
27 위의 책, 362쪽.
28 위의 책, 361쪽.

저자는 이 책의 맨 앞부분에서, 인간 언어의 본질에 관한 루돌프 슈타이너의 다음과 같은 말을 소개하는데, 이것은 외국어 교육의 지침을 세우는 데 가장 근본이 되는 명제이기도 하다.

"인간의 언어는 이러한 공감 또는 반감이 낳는 활동의 표현입니다."

인간의 언어는 무엇보다도 느낌(감성)에서 나온다는 말이다. 별 대수롭지 않은 말 같지만, 루돌프 슈타이너가 제시하는 올바른 인간 이해, 그리고 현대에 들어 그러한 인간 본성이 어떻게 왜곡되고 잘못 계발되고 있는지에 관한 그의 설명을 보면, 위의 명제가 왜 의미심장한 것인지 알 수 있게 된다.

루돌프 슈타이너의 설명에 따르면,[29] 인간은 의지, 감성, 사고라는 본연의 세 가지 능력을 타고난다. 이 세 가지 능력은 인간의 몸에서 각각 사지, 몸통, 머리에 대응되는데, 인간의 머리는 하등동물과 가장 유사하게 생겼고(그는 오징어의

---

29 이하에서 루돌프 슈타이너의 인간 이해는 주로 다음의 책을 참조함. 루돌프 슈타이너, 『발도르프 교육 방법론적 고찰』, 최혜경 옮김, 밝은누리, 2009.

머리를 예로 든다), 몸통은 고등동물의 것과 유사하며, 사지야 말로 인간의 몸에서 가장 완벽하고 아름다운 부분이다. 따라서 가장 인간다운 인간은 몸통, 그중에서도 느낌을 관장하는 심장과, 사지를 제대로 움직이면서 나오는 감성과 의지가 본연의 기능을 하면서, 그에 바탕을 둔 사고 또는 지성이 또한 제 기능을 하는 사람이다. 루돌프 슈타이너의 인간학이, 뇌(머리)에 절대적 중심을 두는 인간 이해를 당연시하는 현대 과학과 얼마나 다른지 알 수 있다. 그가 "어린이들을 위한 오늘날의 수업에 점착되어 있는 가장 주요한 결점은 역시 너무 지적으로 교육한다는 점"[30]임을 강조하는 것은, 바로 이러한 머리(사고) 중심의 인간 이해를 비판하는 것이다.[31]

---

30 위의 책, 260쪽.

31 오늘날 우리의 현실을 보자면, 슈타이너의 이 비판은 학교교육을 넘어서는 생활 전반에서 우리 아이들이 놓여 있는 환경을 통렬히 비판하는 의미가 있다. 내 경험 한 가지를 얘기해보는 게 좋겠다. 지난해에 나는 문상을 하기 위해 꽤 먼 지방으로 기차 여행을 가게 되었는데, 서너 살쯤 된 여자아이 하나를 데리고 있는 아주 젊은 엄마의 옆자리에 앉게 되었다. 기차가 한참을 달리는 동안, 어린아이가 있는데도 옆자리가 너무나 조용해서 조금 의아한 생각이 들어, 차창 밖만 내내 보던 시선을 슬쩍 돌려 옆을 보니, 젊은 엄마는 엄마대로 스마트폰을 보는 데 열중하고 있었고, 여자아이는 아이대로 자기 소유의(!) 스마트폰에 빠져 있었다. 아이는 그 나이대 아이들에게 인기 있는 어떤 애니메이션을 열심히 보고 있는 것 같았는데, 내게 충격을 준 것은 그 아이의 꼬물거리는 그 작은 손가락이 스마트폰의 액정을 스치는 대단한 능숙함이었다. 그러나 순진한 것이 내 쪽임을 아는 데에는 그 뒤에 많은 시간이 걸리지 않았는데, 의식을 하면서 보니 이 젊은 엄마와 아이가 보여준 것 같은 모습을 내가 사는 동네에서도 쉽게 찾아볼 수 있기 때문이었다. 요컨대 이 꼬마 아이에게 스마트폰을 쥐어준 젊은 엄마 역시, 루돌프 슈타이너 인지학(人知學)의 관점에서 보자면 일종의 '지적(=머리 중심의) 교육'을 하는 것이다. 스마트폰에 영락없이 중독이 된 그 아이는, 마음껏 사지를 활개 치며 자연 속에서 뛰어놀면서 심장으로 느끼는 능력을 점점 더 잃게 될 것이다. 이런 아이가 이 나이대에 충분히 익혀야 할 모국어건, 그것을 바탕으로 나중에 공부하게 될 외국어건 잘 구사하기 힘들게 될 것은 말할 필요도 없다.

루돌프 슈타이너의 인간 이해와 관련하여 또 한 가지 중요한 사항이 그가 설명하는바 인간이 지닌 감각들이다. 우리는 보통 인간이 다섯 가지 감각을 지니고 있다고 알고 있지만, 슈타이너의 통찰에 의하면 인간에게는 열두 가지의 감각이 있다.[32] '육체 감각기관'이 관장하는 촉각·생명감각·고유운동감각·균형감각, '영혼 감각기관'이 관장하는 후각·미각·시각·열감각, 그리고 '정신 감각기관'이 관장하는 청각·언어감각·사고감각·자아감각 등이 그것들이다. 특별한 관심과 지식이 없으면 이해하기도 납득하기도 힘든 루돌프 슈타이너의 이 '12감각론'을 깊이 알지 못하는 것은 필자 역시 마찬가지이다. 단지 여기서 우리는, 슈타이너가 언어 소통을 매개하는 청각과 언어감각을 정신의 영역과 연결된, 인간이 지닌 가장 고차원의 감각으로 본다는 사실을 주목하자는 것이다. 이것은 오늘날 언어학자들의 공통된 연구 결과를 통해서도 뒷받침되는 사실이다. 즉, "인간의 언어가 우리 종 고유의 의사소통 필요를 만족시키기 위해 지난 600만 년 전

---

32 이에 관해서는 다음의 책을 참조함. 알베르트 수스만, 『영혼을 깨우는 12감각』, 서영숙 옮김, 섬돌, 2007.

부터 진화"[33]한 것의 핵심 결과는 바로 말을 지각하는 능력이 매우 일찍 시작되는 것이어서, 실제로 "아주 어린 아기도 다른 소음보다 말소리를 더 좋아한다"[34]는 것이다. "음성 지각은 언어 본능을 구성하는 또 하나의 생물학적 기적"[35]이어서 "인간이 만든 어떠한 시스템(음성인식기와 같은 기계-인용자)도 음성이란 암호를 해독하는 면에서 인간에 필적하지 못한다"[36]는 말 또한 인간의 청각, 즉 언어 지각 능력의 '고차원성'을 달리 표현하는 것으로 볼 수 있다.

루돌프 슈타이너의 이러한 인간학을 염두에 두고, 이 책의 저자가 제시하는 슈타이너-발도르프 학교의 외국어 교육의 목표를 보면 그 취지를 잘 이해할 수 있지 않을까 한다. 그 목표는 다섯 가지이다.

- 세계와 자기 이해의 확장
- 지각 능력의 민감화를 통한 내면의 자발성·능동성 증가

---

33 크리스틴 케닐리, 『언어의 진화 – 최초의 언어를 찾아서』, 전소영 옮김, 알마, 2009, 227쪽.
34 같은 쪽.
35 스티븐 핑커, 『언어본능(상)』, 김한영·문미선·신효식 옮김, 그린비, 2003, 240쪽.
36 위의 책, 241쪽.

- 다른 언어의 소리와 억양 형태의 가장 미묘한 차이를 정밀하게 파악하고 이해하는 것
- 세계시민의 육성
- 학생 개개인의 개성을 발현을 통한 유창한 외국어 말하기 능력의 배양

이 책의 저자가 외국어 교육의 목표로 제시하는 이 다섯 가지는 서로 유기적으로 연관되어 있다고 생각되는데, 앞서 본 루돌프 슈타이너의 명제에서 확인한 바와 같이 그 연관의 핵심은, 인간의 언어란 인간이 지니는 다양한 느낌(감성)의 표현이라는 점이다.[37] 그런데 각각의 모국어는 '그곳'의 특정한 자연과 문화의 느낌을 표현하는 것이어서, 우리는 타인의 모국어인 외국어(들)를 배우며 그 언어가 주는 다양한 느낌을 받아들이기 위해 감각과 지각 능력이 더욱더 민감해지도록 스스로 훈련함으로써, 내면의 자발성·능동성을

---

[37] 물론 인간이 표현하는 느낌(감성)은 동물의 감정과 구별되는 것이다. 독일의 신학자·철학자·역사학자·심리학자·교육자이자 문인이며 독일 질풍노도 문학 운동의 지도적 인물이었던 헤르더는, 동물이 강력하고 확실한 본능을 가지고 있고 활동 영역이 제한되어 있어 생각(지각 능력)이 발달될 수 없기 때문에 언어의 필요성이 적어지는(또는 본능의 언어만을 갖는) 반면, 인간은 그와 정반대이기 때문에 모든 동물들과 구분되는 언어를 지니게 되었다고 설명한다. 요한 고트프리트 폰 헤르더, 『언어의 기원에 대하여』, 조경식 옮김, 한길사, 2003, 17~42쪽 참조.

키우게 된다. 이것은 결국 나와 다른 언어를 쓰는 사람을 형제애로써 받아들이는 세계시민 되기의 과정이기도 하고, 각자의 개성을 진정으로 발현할 수 있는 능력 함양의 과정이기도 하다.

4. 슈타이너-발도르프 학교의 외국어 교육 방법

그렇다면 이와 같은 철학과 목표를 가진 슈타이너-발도르프 학교의 외국어 교육에서 실제로 사용하는 방법은 어떤 것이며 실제로 얼마나 효과적일까? 과문한 필자로서는, 우선 슈타이너 자신이 외국어 교육에 관해 교사들에게 주는 지침과 관련된 자료를 많이 찾아볼 수는 없었지만, 필자가 발견한 소략한 내용에도 외국어 교육에서 지침으로 삼아야 할 핵심 방법이 담겨 있음을 알 수 있었다. 그는 두 가지를 강조한다, 첫째, 교사와 학생이 같은 책을 놓고 함께 읽는 외국어 수업은 최악의 것이다. 교사는 학생들이 이전에 읽어본 적이 없는 것을, 교사 스스로 기억해서(즉 외워서) 학생들에게 들려주어야 한다. 학생들은 수업 시간에 듣는 것이외에는 아무것도 하지 않기 때문이다. 그리고 외국어 수업에서는 가능한 한 숙제를 적게 내주어야 하는데, 그것도 학교 수업에서 들은 것을 책으로 읽어 오는 것으로 제한해야 한다. 둘째, (열두 살 이후에 내주는) 글쓰기 과제도 학생 각자의 실제 생활과 관련된, 즉 사건이나 체험에 대한 이야기를 쓰는 것이 되어야 한다.[38] 슈타이너가 교사들에게 지침으로 주는 외국어 수업의 이 두 가지 방법은 물론 정확히 그의 인간학(인지학)에서 나오는 것이다. 특히 외국어 수업에서 기본이 되어야 할 방법은, 교사의 들려주기를 통해 학생들의 청각(음성 지각 능력)을 발달시키는 것이며, 인간의 언어 형식 가운데에서 인위적 훈련이 가장 많이 필요한 외국어 글쓰기[39]는 그 언어가 주는 느낌(감성)을 살려주는 것이 더더욱 중요하기 때문에, 예컨대 편지 쓰기처럼 학생 각자의

---

38 루돌프 슈타이너, 앞의 책, 214~216쪽 참조.

39 "언어는 하나의 본능이지만, 문자 언어는 그렇지 않"다든지(스티븐 핑커, 『언어본능(상)』, 김한영·문미선·신효식 옮김, 그린비, 2003, 282쪽.), "언어를 듣고 말하는 행위와 읽고 쓰는 행위는 같은 종류의 언어활동이 아니"(이병민, 앞의 책, 259쪽.)라는 말은, 듣기–말하기와 읽기–쓰기의 언어 훈련이 전혀 다른 방식으로 될 수밖에 없음을 의미한다. 그래서 예컨대 셰익스피어의 작품을 어렵지 않게 읽고 훌륭하게 번역할 수는 있어도 영어로 외국인과 하는 대화는 거의 못하는 경우도 충분히 있을 수 있고(필자는 이런 경우를 실제로 보았다), 이와 완전히 반대인 경우도 물론 있을 수 있다.

실생활 체험을 소재로 하는 형식이 되어야 한다는 것이다.[40]

이 책의 저자 에르하르트 달이 제시하는 외국어 교육 방법론은 루돌프 슈타이너의 가르침의 핵심을 현실에 맞게 발전시킨 것이다. 필자가 이해하는 바대로 그의 외국어 교육 방법론을 재구성해보면 다음과 같다.

- 학습하고자 하는 외국어의 원어민 사회에 대한 관심의 정도가 그 외국어에 대한 관심을 규정한다.
- 외국어 습득은 학생 자신의 실제 생활 현장의 경험을 통해 이루어지는데, 이 경험은 학생이 대화 상대의 행동, 몸짓, 억양을 보고 들으면서 느끼고 사고하고 움직이는 하나의 전체적 맥락을 갖는 경험이다.

---

40 이것은 비단 어린 학생들에게만, 그것도 어린 학생들의 외국어 글쓰기 학습에만 해당하는 것이 아니다. 철저히 인간의 발명품인 문자를 매개로 한 언어 학습인 글쓰기 학습에서야말로 무엇보다도 학습자 자신의 느낌을 살려 재미를 느끼게 해줄 수 있어야 한다는 것은, 남녀노소의 경우를 막론하고, 그리고 모국어 글쓰기와 외국어 글쓰기에서 모두 보편적으로 적용되어야 할 방침이 아닐까 한다. 나는 이 역시 내 글쓰기 수업 경험을 통해 확신을 얻었다. 발표와 토론을 하는 말하기 수업은 대부분 학생이 그다지 부담을 느끼지 않고 즐기기도 하지만, 애초에 글쓰기 수업을 부담스러워하지 않는 학생은 거의 없다. 이러한 부담감을 완화하고 글쓰기에 흥미를 갖도록 하기 위해 내가 학생들에게 제안한 글쓰기 형식이 일종의 짧은 자서전이라 할 '나를 찾는 자기소개서' 쓰기인데, 학생들은 자기 자신을 돌아보는 글을 써보면서 내가 예상하는 것보다 훨씬 더 특별한 감정과 사고의 경험을 하곤 한다. 물론 이를 통해 학생들 스스로 예상치 못했던 깊은 재미를 맛본다(학생들이 취업을 위한 자기소개서를 쓰며 재미를 느끼지 못하는 것은 당연한데, 사실 그런 글에서 소개하는 '대상'은 남에게 잘 보이기 위해 윤색된 자서전이지 참된 자기가 아니기 때문임은 말할 필요도 없다). 어린 학생들이 연습하는 외국어 글쓰기가 학생 자신의 생활 주변 이야기가 되어야 한다는 지침의 타당성은 이런 경험을 통해서도 간접 입증된다.

- 이 과정에서 학생은 맥락에서 분리된 단어가 아니라 실제로 쓸모 있는 구와 문법 형태를 접하게 되는데, 이러한 구와 문법 형태를 자주 들으면 들을수록 나중에 그것을 스스로 쓸 기회도 빈번히 생긴다(이와 관련하여 슈타이너는 외국어 교사가 학생들에게 개별 단어가 아닌 작은 문장들을 배우게 해야 한다고 조언했다).

- 따라서 외국어 수업에서는 학생의 느낌과 사고와 움직임을 함께 촉발하면서 외국어의 듣기−말하기 연습이 이루어질 수 있도록, 교사는 학생의 실제 생활을 소재로 수업을 이끌어야 한다. 이때 교사와 학생 모두가 되도록 많이 움직이며 수업을 진행하는 것이 좋다.

- 학생이 배운 단어와 표현을 되도록 많이 반복해서 연습할 수 있도록 수업이 진행되어야 한다.

- 학생이 배운 것(input)을 정확히 사용하는 방법을 이해하고 있다고 스스로 확신할 만한 시간을 갖기도 전에 그것을 빨리 써먹도록(output) 조급하게 종용해서는 안 된다.

- 이러한 학습 과정에서 외국어의 문법(규칙)을 교사가 정리해주는 것이 아니라 학생 스스로 발견하게끔 해주어야 하고, 이렇게 되면 학생이 그 외국어를 확실히 다룬다는 목표를 갖게 되어 자아의식을 강화할 수 있게 된다.

– 학습 과정을 표준화한 상품인 교재를 발도르프 학교에서 일반
적으로 사용하지 않는 것은, 교재가 본질상 개개인의 서로 다른
학습 과정과 속도, 주제를 소화하는 서로 다른 방식에 대처할
수 없기 때문이다.[41]

– 과거와는 달리 학생들이 읽기 학습으로부터 멀어져 있는 상황에
서, 특히 (상급 학년에서) 외국어로 문학 텍스트를 읽는 작업은 외
국어 수업에서 큰 도전 과제가 되었는데, 문학 텍스트를 읽으며
갖게 되는 주관적 느낌과 사고의 경험을 바탕으로 학생 스스로
그 텍스트의 비평가가 되어보는 경험은, 학생 각자가 독립된 존
재로 성장하는 데 중요하다. 따라서 교사는 학생들과 문학 텍스
트에 관한 토론을 할 때, 독점적 해석자가 아니라 한 사람의 참
여자가 되어야 한다.

이 책의 본문을 모두 읽은 독자는 필자의 이러한 정리가
매우 개략적이고 주관적인 것임을 알 수 있을 터이다. 이 책
에는 외국어 교육의 이런 방법을 저학년·중급 학년·상급

---

41 "교과서를 가지고 이루어지는 천편일률적인 교육 행위 때문에 교사의 전문성이라고 하는 것이
필요하지 않다"(이병민, 앞의 책, 295쪽)는 비판이 다름 아닌 한국의 영어 교육정책에 대한 것이
고 보면, 발도르프 학교의 이 교육 방법의 취지와 의미를 더욱 확연히 알 수 있다.

학년에서, 그리고 학습의 세부 영역에서 구체화하는 다양한 방법이 담겨 있다. 그 가운데에는 외국어 교육과 학습에 관심이 있는 이라면 누구든 깊은 감동과 영감을 받을 만한 재미나고 매우 설득력 있는 구체적 방법이 많이 있다. 독자가 그것을 직접 확인하고 필요한 내용을 정리해서 스스로 소화할 기회를 이 글의 필자가 방해하는 것은 적절치 않을 것 같다.

5. '수행(遂行)=수행(修行)'으로서의 외국어 공부

이 책을 번역하고 해제를 쓰기 위해 여러 자료를 찾아보고 공부하면서 여러 가지 생각에 몰두하는 가운데 필자가 무엇보다도 절실히 깨달은 것은, 필자 자신이 학창 시절 이래로 해온 외국어 공부의 방법이 근본적으로 잘못된 것이었다는 점이다. 주로 시험 성적을 올리기 위한 단편적 요령이 이 책에서 말하는 의미의 '방법'이라는 이름에 값할 만한 것이 전혀 아니었을 뿐더러, 돌이켜보면 외국어 공부를 왜 해야 하는 것인지 스스로 내면에서 깊이 생각해보기 시작한 것도 사실 그리 오래되지 않았음을 깨닫게 되었다. 이 책은 다른 누구보다도 필자 자신에게 이런 성찰의 계기를 만들어주었다.

근래 들어 종래의 신문과 방송의 영향력을 점점 더 빠르게 지워버리면서 대세의 소통 매체로 자리 잡고 있는 유튜브에 필자 역시 큰 관심을 갖게 되면서, 외국어 공부를 콘텐츠로 삼는 다양한 유튜브 채널을 특히 많이 접하고 있다. 수많은 다른 분야의 채널들을 보면서도 마찬가지로 느끼는 것이지만, 외국어 공부 역시 각자의 필요에 맞게 유튜브 채널만 잘 선택해서 보아도 충분히 잘 할 수 있겠다는 생각이 절로 들곤 한다. 그런데 다른 사람들보다 더 설득력 있어 보이는 유튜버들이 외국어 공부의 방법으로 제시하는 것은, 이 책에서 제시하는 외국어 공부의 방법과 일맥상통하는 것이라는 인상을 받게 된다. 외국 현지의 생생한 생활 언어를 익히는 효과적 방법을 다룬다는 점에서 특히 그러하다.

그러나 양자 사이에는 결정적 차이가 있다. 한마디로 말해 전자는 후자에서 말하는 '세계시민 되기'의 외국어 교육 철학을 공유하지 않는다. 이것은 예컨대, 미국식 영어를 가르치는 유튜버들의 경우, 앞서 언급한 바와 같은 '미국인 만들기'라는 미국 영어 교육정책의 궁극적 목적을 결국 무의식적·암묵적으로 공유하고 있음을 의미한다(영국식 영어를 가르치는 영국의 원어민 유튜버도 마찬가지일 것이다). 미국 드라마의 섀도잉을 콘텐츠로 삼고 스스로 열심히 영어를 공부하는 한국의 유튜버들에게 이 말은 얼토당토않은 공격으로 받아들여질 것이다. 그러나 이런 사실을 생각해보자. 캐나다로 건너간 한국인 부모에게서 태어난 이민자 2세로서 미국의 여러 유명 드라마에 출연하고, 2018년에는 아시아인 최초로 골든 글로브 텔레비전 부문 드라마 여우주연상을 수상할 만큼 그 사회에서 성공한 샌드라 오는 샤론 최와의 화상 대화에서, 봉준호 감독이 미국의 한 영화 매체와의 인터뷰에서 미국의 오스카상을 '로컬' 상이라고 가볍게 말하여 미국인들에게 전혀 예기치 못한 묵직한 충격을 준 일을 매우 통쾌해하면서(나는 분명 그렇게 느꼈다), 인종차별에서 자유로운 봉 감독과 달리 자신과 같은 유색인종 사람들이 철저히 백인 남성 중심인 북미주 사회의 인종차별에 얼마나 익숙한(!) 채 살아왔는지를 봉 감독의 그 '점잖은 비판' 발언이 새삼 일깨워주었다고 말한다.[42] '미드'를 보고 따라 말하며 열심히 공부하고 소개하는 데 매진하고 있는 한국의 유튜버들은 샌드라 오 의 이 말에서 무엇을 느낄지 궁금하다.

외국어 교육의 철학을 '세계시민 되기'로 삼는다는 것은 곧, 우리가 살고 있는 '지구 시대'에 진정한 도덕적 인간의 육성을 목적으로 한다는 말과 통하리라. 이렇게 본다면 슈타이너-발도르프 학교의 외국어 교육 철학은 언어학자 필립 리버만의 언어 철학과도 일치하는 것 같다. 그는 "도덕적인 진화란 생물학적인 진화라기보다는 인간의 언어적 능력에서 파생되는 인지능력의 진화"[43]라고 보기 때문이다. 그렇다면 모국어 한 가지만이 아니라 외국어 구사 능력을 많이 가지면 가질수록 더 도덕적인 인간으로 성장하는 게 당연하지 않은가. 그도 그럴 것이, 우리가 이 책을 통해 배우듯이, 진정한 외국어 능력은 '그곳'의 자연과 문화를 깊이 공감하고 이해하는 것으로부터 길러지기 때문이다. 그렇다면

---

42 "봉준호 감독님을 보고 깨달은 게 있어요", 〈YOUTUBE〉, 2020.6.
43 필립 리버만, 『언어의 탄생』, 김형엽 옮김, 글로벌콘텐츠, 2013, 29쪽.

미국의 드라마나 영화를 보면서 영어를 공부하는 사람들은 특히, 세계에서 가장 대표적인 이민자 국가인 미국이 인종차별이 가장 심할 뿐만 아니라 영어 이외의 언어에 대한 차별 또한 가장 심한 국가이기도 하다는, 한 '친한파' 미국인 유튜버의 설명을 귀담아들으면서(그는 미국의 이러한 언어 차별의 역사적 배경을 설득력 있게 설명한다)[44] 미국인이 그들의 모국어(영어)와 외국어를 대하는 태도를 철저히 반면교사로 삼아야 할 터이다.

미국인 외국어

이 글의 맨 앞에서 인용한 테드 창의 소설 속 헵타포드란 외계인 종족이다. 이 가상의 외계인 종족의 언어를 설정하면서 던지는, 인간의 언어란 의사소통의 도구가 아니라 진실을 공유하는 행위 그 자체가 되어야 한다는 이 미국인 작가의 암시적 메시지는 의미심장하다. 그렇지만 어찌 인간이 어떤 대화가 됐든 다른 인간과의 대화에서 무슨 말이 나올지 미리 알 수 있을까? 만일 그렇다면 인간에게 언어가 필요할까? 이 소설집의 첫 번째 작품이 바벨탑 신화를 소재로 한 것이기도 하여, 혹시 이 작가가 인간에게도 진실을 공

---

44 "미국인이 외국어를 무시하는 진짜 이유?!", 〈YOUTUBE〉, 2017.12.

유하는 '단일 언어'가 필요하다고 생각하는 건 아닐까 하는 의혹이 생겼다. 그런데 이 작가에게 "이상적인 언어란 간단히 말해서 사고를 완벽하게 표현하고 사물을 완벽히 묘사할 수 있는 '바벨탑 이전의' 언어를 의미"[45]한다는, 이 소설집의 '옮긴이의 말'을 보니 '역시나' 하는 생각이 들었다. 격이 20개가 넘고, 고작 몇 백만 명밖에 사용하지 않는 핀란드어를 없애기 위한 방법으로, 모든 핀란드 아이들에게 핀란드어 교육을 중단하고 상당수의 영어 교사들을 고용해서 영어만 가르치자는 한 미국인을 보면서, "단일 언어주의에 눈이 멀어 그렇게 잘못된 견해를 갖게 되는 것은 매우 흔한 일이며, 이는 바벨탑이 남긴 유산의 일부"[46]라고 말하는, 앞서 인용한 『사라져 가는 목소리들』을 쓴 학자들의 비판을 주목하게 된다.

모름지기 영어든 핀란드어든, 또는 다른 어떤 외국어의 경우든, 바람직한 외국어 교육 또는 공부는 "문화의 다양성과 언어의 독특함, 그리고 이 두 가지가 구현하는 세계관"[47]

---

45 테드 창, 앞의 책, 445쪽.
46 다니엘 네틀·수잔 로메인, 앞의 책, 42쪽.
47 리타 테일러, 앞의 책, 176쪽.

에 뿌리박은 것이라는 점이 이 책의 기본 가르침이다. 사실은 이러한 외국어 공부가 진정한 기쁨과 열정을 불러일으키고 결국 '효과' 또한 크지 않을까. 그리고 그것은 모국어와 다른 언어를 습득함으로써 각자의 느낌과 사고와 의지의 진정한 성장을 도모하는 것이라는 점에서, 즐거운 수행(修行)이라 이름 붙여도 좋은 일일 것 같다.

발도르프 학교 외국어 교육
외국어 교육의 정신과 방법

1판 1쇄 인쇄   2021년 4월 19일
1판 1쇄 발행   2021년 4월 29일

지은이 에르하르트 달
옮긴이 정홍섭
기 획 최종기

펴낸이 최준석
펴낸곳 푸른나무출판 주식회사
주소 경기도 고양시 일산동구 정발산로 24 웨스턴돔 T1 510
전화 031-927-9279 팩스 02-2179-8103
출판신고번호 제2019-000061호 신고일자 2004년 4월 21일

인쇄 · 제작 한영문화사

ISBN 978-89-92008-87-7 03700